ulmer

Anke Schmidt

GRÜNER GRILLEN

Nützliche Lifehacks, DIYs und Rezepte für ökologischen Grill-Spaß mit Wastelesshero

INHALT

GENUSS MIT RÜCKSICHT AUF DIE UMWELT

Grillen bedeutet Beisammensein, Spaß und einfach leckeres Essen. Aber dieses schöne Hobby stellt uns auch vor knifflige Entscheidungen: Lieber Kohle- oder Gasgrill? Wohin mit dem Verpackungsmüll? Und vor allem: Darf ich überhaupt noch grillen, wenn ich nachhaltiger leben will?

WENIGER MÜLL

→ Grillschalen, Grillanzünder, Einwegbesteck – allein durch diese Kleinigkeiten kann beim Grillen eine Menge Müll entstehen. Zudem ist Grillgut häufig aufwendig verpackt. All der Müll landet bestenfalls im Mülleimer, wenn zu Hause gegrillt wird. Doch viele grillen im Park und lassen ihren Müll dann leider dort zurück. Besser ist, Verpackungsmüll so weit wie möglich zu reduzieren und auf Einwegprodukte direkt zu verzichten. Einige Dinge können sogar ganz einfach selbst hergestellt werden.

Kohlrabiblätter können eine gute Alternative zu Grillschalen sein (siehe Seite 58).

MEHR TIERWOHL

→ Oft steht an erster Stelle beim Grillen der Genuss von diversen Fleischsorten. Pulled Pork, aber auch Graved Lachs steigen auf der Beliebtheitsskala. Gleichzeitig belastet die Produktion von tierischen Lebensmitteln die Umwelt stark. So empfehlen das Umweltbundesamt und die WHO, weniger Fleisch zu essen. Für manch einen Grillfan ist das eine große Herausforderung. Dabei kommt weniger und besserer Konsum direkt der Umwelt, Menschen und Tieren zugute.

MEHR UMWELTSCHUTZ

→ Kohlegrills sind immer noch sehr beliebt. Sie haben auch einen riesigen Vorteil, denn es gibt sie in so vielen unterschiedlichen Größen, auch ganz kleine, die einfach mal ins Auto gepackt oder so nach draußen mitgenommen werden können. Kohle gibt es in der Grillsaison gefühlt an jeder Ecke zu kaufen, Gasflaschen eher seltener. Dabei ist die Kohle der problematische Rohstoff. Immer wieder steht sie im Verruf, weil für ihre Gewinnung illegal Wälder gerodet werden. Zudem legt sie noch lange Transportwege zurück. Doch zu Kohle gibt es Alternativen, die nur noch zu wenig bekannt sind. Es ist sogar möglich, einen Grill mit Maiskolben oder Weinreben zu entfachen, die sonst im Müll gelandet wären. So muss nichts extra neu hergestellt werden.

WENIGER RESSOURCEN

→ Weniger Lebensmittel wegwerfen, Ökostrom für den Elektrogrill nutzen, Deko upcyceln, neue, „unproblematischere" Lebensmittel ausprobieren: Es gibt vieles, womit sich schon beim ersten Grillabend eine Menge Ressourcen sparen lassen. Am besten sollte man auch vor dem Kauf eines Grills genau analysieren, welches Modell man wohl über Jahre, vielleicht sogar Jahrzehnte nutzen würde. Fehlkäufe vermeiden und so Ressourcen in der Herstellung einsparen, heißt hier die Devise. Eine Alternative könnte auch das Ausleihen von oder Teilen mit Nachbarn sein, wie bei einem teuren Smoker: Das spart nicht nur Ressourcen, sondern verbindet auch Grillfans.

GESÜNDER LEBEN

→ Das Umweltbundesamt empfiehlt aufgrund der Schadstoffentwicklung beim Grillen mit Holzkohle, lieber auf einen Holzkohlegrill zu verzichten und stattdessen Alternativen zu nutzen. Zudem sollte das Grillgut nicht mit Bier übergossen werden, denn dabei kann Asche aufgewirbelt werden, die sich dann auf das Grillgut legt. Wer es also schafft, einen Gas- oder Elektrogrill lieb zu gewinnen, der tut nicht nur der Umwelt etwas Gutes, sondern auch der eigenen Gesundheit.

GELD SPAREN

→ Es sind vielleicht keine 500 Euro, die gespart werden, aber wer bewusst einkauft, kann unnötige Ausgaben für Lebensmittel(reste), die im Müll landen, vermeiden. Wiederverwendbare Teller und Besteck sind ja fast selbstverständlich, aber wie wäre es mit wiederverwendbaren Servietten? So fallen pro Abend vielleicht nur ein paar Euro an. Wird mehrfach im Jahr und vielleicht sogar öfter groß gegrillt, kann da einiges zusammenkommen. Auch bei der Befeuerung oder dem Kauf eines Grills kann langfristig gespart werden.

ALTERNATIVEN ENTDECKEN

→ Von zu Hause kennt man den guten alten Kohlegrill, die Grillwürste, das Steak und das Ketchup. Von einem Pizzagrill hat man vielleicht schon einmal etwas gehört, aber wie sieht es mit dem Solargrill, Grillen auf Lavastein, Grillen mit Weinreben oder einem Rauchpaprika-Würzöl aus? Oder warum es nicht einmal wagen, auf das Fleisch vom Hof nebenan ganz zu verzichten und stattdessen komplett fleischfrei zu grillen? Wer sein Grillverhalten verändert, kann so viel Neues entdecken, und selbst wer beim gewohnten Grillgut bleiben will, kann mit kleinen Veränderungen einen überraschend anderen Geschmack daran bringen.

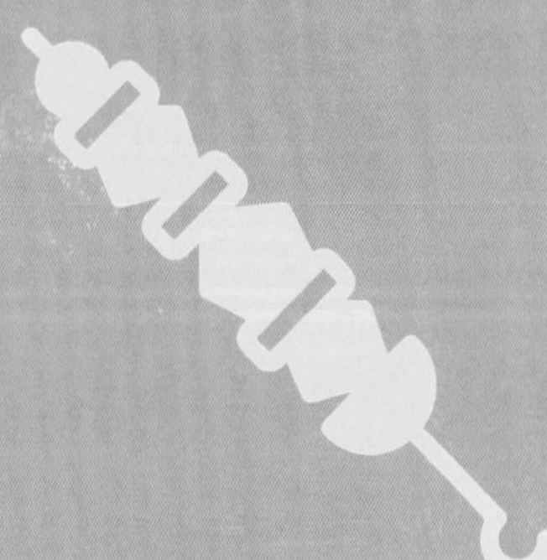

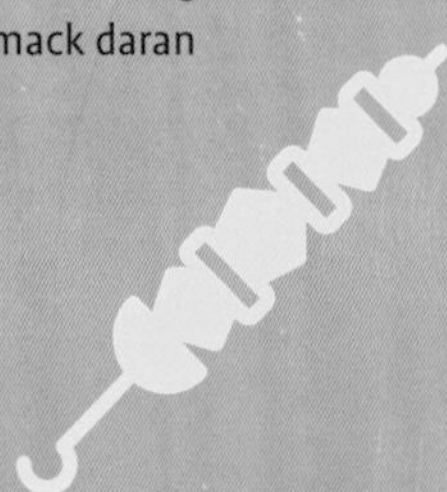

GRÜNER GRILLEN KANN EINFACH SEIN

Nachhaltigkeit beim Grillen heißt, bewusst einzukaufen und umweltfreundliche Grillmethoden und -materialien zu verwenden, um auch beim Grillen Rücksicht auf die Umwelt zu nehmen – und gleichzeitig die Freude am Grillen und an der Gemeinschaft beizubehalten. Nachhaltigkeit kann hier bedeuten, langjährige bekannte Rituale zu hinterfragen und umzustellen. Und: neue Dinge auszuprobieren, spannende Rezepte zu testen und so schöne neue Sachen zu entdecken!

Schon Kleinigkeiten bringen etwas

Bevor du deine ganze Grillroutine umstellst, kannst du mit Kleinigkeiten beginnen. Das Wichtigste ist, sich seines eigenen Handelns erst einmal bewusst zu werden. Einfach beim nächsten Grillabend mal schauen, was ich eigentlich mache! Ist nach dem Grillen noch ein großer Rest über? Gibt es Dinge, die zwar immer gegrillt werden, aber eigentlich nie jemand isst? Bin ich eigentlich schon von Kartoffeln, Brot und Dips so satt, dass ich nur noch eine Wurst esse – die ich aber gar nicht mehr essen müsste? Das sind die Stellen, an denen du anfangen könntest. Vielleicht damit, weniger Essen zu grillen und eben nur das, was man wirklich mag. Oder auch damit, seltener zu grillen und öfter mal einen Abend mit Dips, Kartoffeln und Brot einzulegen.

Die eigenen Gewohnheiten zu verändern kann herausfordernd sein. Es heißt nämlich auch, eigene Denkweisen zu verändern, die wir vielleicht schon jahrelang haben. Am einfachsten klappt das, wenn wir ausprobieren und dabei lernen und so vielleicht etwas finden, was wir wirklich gut finden.

Der richtige Grill ist das A & O

Ich habe früher immer auf Kohle gegrillt. Ich kenne auch einige, die meinen, nur auf Kohle gegrillt schmeckt es richtig gut. Aber: Ein gutes Raucharoma lässt sich tatsächlich auch ohne Kohle kreieren. Bevor ein neuer Grill oder vielleicht auch der erste Grill gekauft wird, kann es Sinn machen, bei Freunden, Bekannten oder auch Händlern oder Herstellern andere Arten von Grills zu testen (zu den Vor- und Nachteilen siehe das folgende Kapitel). Wer viele Abende mit dem Grill verbringen und Freude daran haben will, sollte sich die Zeit für die Entscheidungsfindung nehmen.

Wichtig bei der Entscheidung sind ein paar wenige Fragen. Wenn du sie dir vor der Kaufentscheidung stellst, vermeidest du, dass du nach kurzer Zeit schon einen neuen Grill haben willst. Denn einen Grill weiterzuverkaufen ist gar nicht so leicht und kann schon eine Zeit dauern. Ihn zu entsorgen noch länger. Überleg mal: Wie viele Menschen kennst du, die noch einen alten Grill oder sogar mehrere im Keller, Schuppen oder in der Garage stehen haben? Jetzt aber zu den Fragen:

- Wird zu Hause gegrillt, unterwegs oder auf Reisen? (Ggf. müssen Gewicht und Maße berücksichtigt werden.)
- Wie viele Menschen grillen durchschnittlich mit bzw. sollen vom Gegrillten satt werden? (Hier spielt es auch eine Rolle, ob du das Grillen über einen Abend verteilen willst oder möglichst viel im ersten Durchgang garen möchtest.)
- Ist einem das Ritual des Kohlegrillens wichtig oder wäre auch Gas oder Elektro okay? Ist Platz für das Lagern der Kohle vorhanden?
- Wie viel Platz ist für den Grill da? (Und zwar beim Grillen selbst, aber auch für die Lagerung.)
- Was soll gegrillt werden?
- Wie viel Geld steht zur Verfügung? (Je nach Grilltyp macht es Sinn, etwas mehr zu investieren für ein Modell, für das es auch Ersatzteile gibt.)

TIPP

Bei Besonderheiten wie Smoker, lohnt es sich, mehr Zeit in die Recherche nach einer guten Variante zu investieren.

WELCHER GRILL SOLL'S SEIN?

Stundenlang lässt sich diskutieren, ob das Grillgut vom Kohlegrill besser schmeckt als vom Gasgrill. Dabei können bei der Auswahl des richtigen Grills für den eigenen Bedarf noch viele weitere Aspekte eine Rolle spielen. Langlebigkeit und Qualität stehen ganz vorne, wenn es um Nachhaltigkeit geht. Aber welcher Grilltyp ist der nachhaltigste?

MUSS ES IMMER KOHLE SEIN?

Das Geräusch, wenn die Kohle aufgekippt wird, den Anzünder entzünden, wedeln und warten. Dann den Rost auflegen, das Grillgut dazu und alle paar Minuten wenden. Grillen auf einem Kohlegrill ist schon fast ein Ritual ... Aber:

Das Problem bei Kohle

Problematisch ist beim Kohlegrill leider die Kohle, die meist importiert wird und bei deren Herstellung sehr viele CO_2-Emissionen freiwerden – für die Produktion und die Verbrennung sind es dreimal mehr als beim Gasgrill.[6] Aber auch die Schadstoffentwicklung beim Grillen mit Kohle ist ein Aspekt. Das Umweltbundesamt rät daher, auf einen Kohlegrill zu verzichten.[7]

Sind andere Grilltypen besser?

Ein Vorteil von Gas- und Elektrogrill sind die geringeren CO_2-Emissionen. Beim Elektrogrill kommt hinzu, dass gar kein Stoff gekauft werden muss: Der Strom kommt einfach aus der Steckdose. Das spart Fahrten – auch das Gewicht von Kohle oder Gasflasche beim Transport ist nicht zu verachten. Gasgrills sind in den letzten Jahren immer beliebter geworden. Gas- und Elektrogrill haben beide den Vorteil, dass die benötigte Temperatur relativ schnell erreicht wird und gut gehalten werden kann. Zudem kann der Grill schnell ausgeschaltet werden, wenn er nicht mehr benötigt wird.

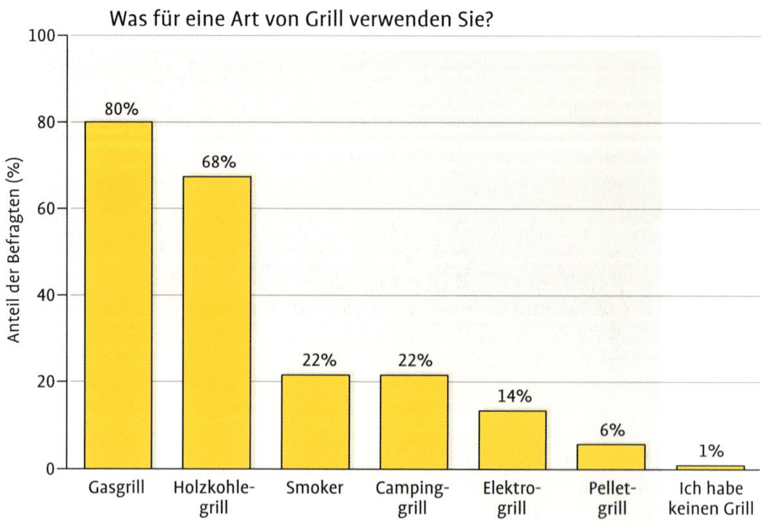

Die verwendeten Grilltypen laut Statista (2023).

GRILLEN, INSBESONDERE AUF HOLZKOHLE, IST WEGEN DER SCHADSTOFFENTWICKLUNG (POLYCYCLISCHE AROMATISCHE KOHLENWASSERSTOFFE – KURZ PAK, FEINSTAUB, KOHLENSTOFFMONOXID, CO^2) NICHT EMPFEHLENSWERT.[8]

Welcher Grilltyp ist der nachhaltigste?

Unter den konventionellen Typen wäre aus Umweltsicht ein mit Ökostrom betriebener Elektrogrill die beste Wahl. Die nachhaltigste Alternative aber ist ein Grill, bei dem das Grillgut nur durch Sonnenenergie erhitzt wird, ein sogenannter Solargrill. Getoppt werden könnte das nur noch, wenn mehrere in der Nachbarschaft sich ihn teilen. Auch das spart wieder Ressourcen.

DER HOLZKOHLEGRILL

Eine Million Tonnen Holzkohle werden jährlich in der EU verfeuert. Sie stammt zum Großteil aus der Ukraine (zumindest bis zum russischen Überfall), Nigeria, Russland, Indonesien oder Paraguay. Problematisch bei Holzkohle ist neben den langen Transportwegen und den hohen Schadstoffemissionen, dass auf der Verpackung selten erkennbar ist, wo sie herkommt und wie nachhaltig sie ist, denn dazu fehlen gesetzliche Regelungen. Immerhin sollte man beim Kauf von Grillkohle darauf achten, dass sie das FSC-Siegel, DIN-Prüfzeichen oder ein Bio-Siegel, wie zum Beispiel das Naturland-Siegel, trägt.[16]

Vorteile

- Holzkohlegrills gibt es schon sehr günstig: ab 10 Euro.
- Man ist flexibler als mit einem Elektrogrill, da kein Stromanschluss in der Nähe sein muss.
- Geschmacklich bewerten viele das Grillgut als besser als bei Elektro und Gas.
- Es gibt ein großes Angebot an unterschiedlichen Grills, von Einweg bis zu Smokern.

Nachteile

- Die Herkunft von Holzkohle ist meist unklar – sie könnte also aus illegalem Raubbau stammen.[17]
- Das Grillen gestaltet sich sehr zeitintensiv, da die Kohle erst vorglühen muss.
- Es entwickelt sich Rauch, womit sich der Kohlegrill nicht für alle Orte gut eignet.
- Die Reinigung und das Entsorgen der Kohle sind aufwendig, und es muss stets gewartet werden, bis Grill und Kohle abgekühlt sind.

KUGELGRILL VS. OFFENER HOLZKOHLEGRILL

Die Vorteile vom Kugelgrill sind ganz klar: Er produziert weniger Rauch, die Temperatur lässt sich besser regulieren, und er eignet sich für mehr Dinge als der offene Grill, wie beispielsweise zum Pizzagrillen. Die Vorteile von einem offenen Grill können sein, dass er preislich günstiger ist und weniger Platz wegnimmt als ein Kugelgrill. Zudem spielt auch hier das Grillgefühl mit rein. Manche Menschen mögen es einfach gern, das Grillgut auf dem Grill oder die glühenden Kohlen darunter zu beobachten.

EINE KLEINE PRAKTISCHE VARIANTE ZUM MITNEHMEN IST DER LOTUSGRILL, DER AUCH GUT ALS TISCHGRILL GENUTZT WERDEN KANN. ANDERE KONTAKTGRILLS WIE DER „KAMADOGRILL“ SIND WAHRE KOHLESPAR-WUNDER (SIEHE S. 30).

#machsnachhaltig

Einen Blumentopf-Holzkohlegrill selbst bauen

1 Terracotta-Blumentopf (Durchmesser: 32 cm)

1 runder Grillrost (Durchmesser: 30 cm)

Alufolie

fester, nicht brennbarer Untergrund (Steine)

Herstellungszeit: 5 Minuten

Ein kleiner Holzkohlegrill ist übrigens leicht selbst gemacht, wenn einen die Grilllust überfällt und man keinen Grill parat hat. Auch mit Kindern eignet sich dieses Projekt gut. Bestenfalls wird ein Terracotta-Topf genutzt, der sowieso schon zu Hause ist; dazu braucht es dann nur noch einen Grillrost. Ist kein Grillrost vorhanden, kann auch der Rost aus dem Backofen genutzt werden. Es geht nur darum, dass das Grillgut gut gebraten werden kann. Das sieht dann vielleicht nicht so schön aus, reicht aber für den Grillerfolg. (Profis mauern sich natürlich den eigenen Grill in den Garten. Man sollte sich vorher nur sicher sein, dass er bei der ganzen Arbeit auch tatsächlich lange genutzt wird.)

Was ist erlaubt?

Der Blumentopfgrill kann als müllfreiere Alternative zum Einweggrill dienen. Da aber auch er sehr heiß werden kann und wenig Abstand zum Boden hat, muss der Boden gut geschützt werden. Einweggrills sind daher in vielen Städten verboten. In der „Stadtordnung" deiner Stadt findest du wahrscheinlich auch einen Abschnitt zum Grillen im Freien.

Hat der Terracotta-Topf doch einen Sprung bekommen, keine Sorge. Er kann ja trotzdem noch genutzt werden, um Dinge einzupflanzen.

1. Als Erstes wird der feuerfeste Terracotta-Topf so gut es geht mit Alufolie ausgelegt. Das muss keine neue, unbenutzte Folie sein. Die Alufolie schützt den Topf etwas vor der Hitze, damit nicht gleich beim ersten Grillversuch ein Sprung entsteht.
2. Der Topf wird dann auf größere Steine gesetzt, damit er gerade steht. Er kann sehr heiß werden, weshalb er nicht direkt auf dem Boden stehen sollte.
3. Nun wird die Kohle in der Alufolie platziert und angefeuert. Wichtig ist, darauf zu achten, dass die Kohle mindestens 5 cm Abstand zum Rost hat. Sonst liegt das Grillgut nachher direkt auf der Kohle auf.
4. Der Grillrost wird erst aufgelegt, wenn die Kohle fertig angefeuert ist.

DER GASGRILL

Der Gasgrill ist mittlerweile beliebter als der Kohlegrill, zumindest in Deutschland.[15] Ein Gasgrill muss nicht immer gleich so groß sein wie ein Kühlschrank. Es gibt auch kleinere Varianten für einen Balkon oder eine kleine Terrasse. Ein Gasgrillwagen kostet zwischen 200 und 600 Euro. Kleinere Modelle sind günstiger. Hochpreisige Gasgrills lassen sich gut gebraucht kaufen und auch wieder verkaufen.

Ein Gasgrill besteht wie ein Kohlegrill aus einem Gehäuse und einem Rost. Beim Grillen mit Gas wird ein Gasbrenner genutzt, um die Hitze zu erzeugen. Zusätzlich noch eine Gasflasche (sie muss ausgetauscht werden, wenn das Gas alle ist).

GASFLASCHEN RICHTIG LAGERN

Aus Sicherheitsgründen gibt es klare Empfehlungen, wo man Gasflaschen NICHT aufbewahren sollte: so in Wohnräumen oder in der Nähe von Feuerstellen, brennbaren Stoffen oder Elektrogeräten. Stattdessen sollten sie in gut belüfteten Räumen bei möglichst ähnlich bleibender Temperatur fern der genannten Gegenstände gelagert werden

Vorteile

- Da das lange Aufheizen wegfällt und die gewünschte Temperatur schnell erreicht ist, ist der Zeitaufwand geringer als beim Kohlegrill.
- Es muss keine Kohle nachgelegt und entsorgt werden.
- Die Temperatur lässt sich gut regulieren. So kann Gas eingespart werden.
- Es entsteht kein Rauch, und es kann keine Asche auf dem Grillgut landen.
- Der Grill lässt sich leicht reinigen.

Nachteile

- Von außen ist nicht ersichtlich, wie voll eine Gasflasche ist. Ist sie plötzlich leer, ist auch der Grillgenuss passé, wenn man nicht noch eine zweite Flasche hat.
- Je nach Wohnort ist die Strecke zur Verkaufsstelle länger als für Kohle.
- Meist ohne Flamme und immer ohne Glut betrieben, kann es sein, dass das typische Griffgefühl fehlt.
- Schon der günstigste Gasgrill kostet viermal so viel wie der günstigste Kohlegrill.
- Ein Gasgrill braucht mehr Platz als z. B. ein Elektrogrill, weil auch immer der Platz für die Gasflasche mit eingeplant werden muss.

LAVASTEIN

Die Lavasteine werden im Gasgrill erhitzt, und zwar unter dem Grillrost in einer dafür vorgesehenen Schale. Das erinnert sogar ein wenig an einen Kohlegrill. Lavasteine speichern Wärme relativ lang, sodass Grillgut lange warmgehalten werden kann, auch wenn der Grill schon aus ist. Alternativ zum Warmhalten kann die Restwärme auch genutzt werden, um mit Desserts zu experimentieren.
Es gibt auch besondere Lavasteingrills, allerdings können die dann nur auf diese Weise verwendet werden. Kleine Varianten liegen preislich bei 50 Euro.

HALTBARKEIT VON LAVASTEINEN

Lavasteine können mehrere Jahre genutzt werden. Sie sollten ab und an gereinigt werden, je nachdem wie fettig sie sind. Sind sie zu fettig, können sie ausgetauscht werden.

Vorteile

- Die Aufheizzeit ist kürzer als beim Kohlegrill.
- Das Grillgut kann auf den Punkt erhitzt werden.
- Es gibt keine Rauchentwicklung.
- Die Optik erinnert an das Grillen mit Kohle.
- Lavasteine speichern die Wärme, und so wird insgesamt weniger Gas gebraucht.

Nachteile

- Die Reinigung ist aufwendiger als bei einem Gasgrill ohne Steine. Denn die Steine sollten von Fett und Lebensmittelteilen gereinigt werden, die beim Grillen darauf gelandet sind, damit sie lange genutzt werden können und nicht irgendwann unangenehm riechen.
- Lavasteine müssen nach einiger Zeit ausgetauscht werden. Das ist ein kleiner Kostenfaktor.
- Vor dem ersten Grillen sollte man sich ein wenig über die Methode informieren.

DER ELEKTROGRILL

Elektrogrills gibt es in vielen verschiedenen Formen und Größen. Es gibt sie offen und auch als verschließbare Kugelgrills. Der Grillrost wird hier mit Strom erhitzt. Wer Elektrogrills nicht so gerne mag, für den ist vielleicht ein Elektro-Grillwagen eine Alternative. Denn der sieht fast genauso aus wie ein großer Gasgrill. Es muss also nicht immer der Elektro-Tischgrill sein. Für Menschen, die gern räuchern, gibt es Smoker, die elektrisch betrieben werden. Und auf einem Elektro-Kugelgrill lässt sich prima mit Kuchen oder Pizza experimentieren.
Die einzige Voraussetzung für das Grillen mit dem Elektrogrill ist: eine Steckdose in der Nähe. Es braucht keine Vorbereitung, der Grill wird einfach eingesteckt, und es kann losgehen. Weil kein Rauch entsteht, eignen sich kompakte Varianten perfekt für den Balkon oder sogar fürs Wohnzimmer. Sie sind schon für vergleichsweise kleines Geld zu bekommen.

DER RICHTIGE ELEKTROGRILL

Vor dem Kauf eines Elektrogrills ist es sinnvoll, vorab zu schauen, was gebraucht wird. Es gibt Grills zum Zuklappen, größere mit Standfuß und kleinere für den Tisch.

Vorteile

- Keine Rauchentwicklung.
- Das Grillen ist mit einem Elektro-Tischgrill sogar drinnen möglich. So muss das Grillfest nicht ins Wasser fallen, wenn es plötzlich anfängt zu regnen.
- Kompakte Modelle brauchen wenig Platz. Zum Grillen braucht es nur einen festen Untergrund.
- Ein Elektrogrill ist quasi direkt nutzbar; es muss weder Kohle noch Gas gekauft und auch nicht gefächert werden. Der Regler wird einfach angedreht und nach dem Grillen wieder abgedreht.
- Die Sicherheit ist hoch, da es kein offenes Feuer gibt.
- Es gibt Modelle, die sogar in die Spülmaschine können. Die Reinigung ist also sehr einfach.
- Die Temperatur lässt sich gut regeln. Ein Elektrogrill erhitzt schnell und verbraucht so wenig Energie zum Aufheizen.

Nachteile

- Ohne die Flamme kann es sein, dass das typische Griffgefühl fehlt. Ein Tischgrill erinnert doch eher an ein Raclette als an einen Grill.
- Weil man eine Steckdose braucht, ist man mit einem Elektrogrill nicht so flexibel wie mit anderen Grills. Außer, er wird mit einer größeren portablen Solaranlage betrieben.
- Die meisten Modelle sind eher klein, womit sie sich nicht so gut zum Grillen für viele Menschen eignen.

DER SOLARGRILL

Der Solargrill ist wohl die spannendste Alternative. Denn tatsächlich kann die Energie der Sonnenstrahlen auch zum Grillen genutzt werden. Je nach Wohnort ist das an circa 100 Tagen pro Jahr möglich. Es kann alles gegrillt werden, was auch auf einem klassischen Elektrogrill Platz findet, nur ist die Garzeit etwas länger.

Viele Solargrills sehen aus wie eine kleine Satellitenschüssel oder ein Parabolspiegel, und sie werden immer zur Sonne ausgerichtet. In der Mitte befindet sich eine Auflage für einen Rost, eine Grillschale oder einen Topf. Die Sonnenstrahlen treffen auf den Grill und sammeln sich in der Mitte. Die dort entstehende Hitze brutzelt dann das Grillgut, und das ganz ohne Rauchentwicklung.

Es gibt auch andere Formen, wie den Röhrengrill. Hier befindet sich die Rauchkammer in einer speziell beschichteten Röhre. Durch die Reflektoren auf der Außenseite heizt sie schnell auf. Je nach Größe eignet sich die Röhre für kleingeschnittenes Grillgut eher als für ganze Stücke.

Solargrills kommen auf Temperaturen um 240 °C und darüber, sind also wirklich auch zum Grillen geeignet. Sie haben aber auch ihre Grenzen, so gibt es keine Solar-Räuchergrills oder Solar-Grillwagen. Denn beim Solargrill ist die Form für die Funktion entscheidend!

Leider sind Solargrills zudem vergleichsweise teuer.

Vorteile

- Keine Rauchentwicklung.
- Keine Folgekosten für Kohle, Gas oder Strom, denn die Sonnenstrahlen sind nun einmal gratis.
- Weil kein Rohstoff gebraucht wird, um den Grill anzuheizen, werden Ressourcen gespart (Produktion, Transport, Verbrauch). Der Solargrill ist damit wohl die nachhaltigste Alternative.
- Solargrills sind transportabel, und man kann sie flexibel auch in der Natur einsetzen.

Nachteile

- Grillen ist nur bei Sonneneinstrahlung möglich, also nicht bei Bewölkung oder bis spät abends.
- Auch das Angrillen im Winter ist mit einem Solargrill nicht möglich.
- Solargrills können nur im Freien genutzt werden. Für den Balkon sind sie nicht unbedingt eignet, wenn man nicht gerade einen Sonnenbalkon hat.
- Die Garzeit ist länger als bei anderen Grilltypen. Man muss also abschätzen, ob nach einem langen Arbeitstag das Sonnenlicht noch ausreicht.
- Im Vergleich zu anderen Grilltypen ist der Solargrill relativ hochpreisig. (Aber es fallen ja keine Folgekosten an …)
- Das Einsatzspektrum ist begrenzt. Mit einem Solargrill kann zum Beispiel keine Pizza gebacken werden, und für Grillgut für 20 Personen ist die Grillfläche meist zu klein.

#machsnachhaltig

EINEN SOLARGRILL SELBST BAUEN

1 Versandkarton zum Aufklappen

Alufolie

1 Klarsichtfolie

schwarze Farbe

ggf. Isolierklebeband

Herstellungszeit: 20 Minuten

Das Selbstbauen eines Solarofens kann ein spannendes Experiment sein. So können Kinder auf einfache Weise lernen, wie ein Solargrill funktioniert und wie sich Sonnenstrahlen zur Wärmeerzeugung nutzen lassen. Das Projekt bietet auch Raum, um zu erkunden, warum es Kohle oder Gas zum Grillen braucht und unter welchen Bedingungen die Energie der Sonne nicht ausreichend ist. Gleichzeitig sorgt die Bastelei auch für ein wenig Beschäftigung am Grillabend, bis das Grillgut auf dem „richtigen" Grill fertig geworden ist. Es gibt nur einen kleinen Nachteil: Der selbstgebaute Grill kann nur genutzt werden, wenn die Sonne länger als 20 Minuten scheint und sich nicht hinter den Wolken versteckt. Die Umgebungstemperatur sollte für dieses Projekt zudem etwas höher liegen.

1. Der Deckel des Kartons wird mit Alufolie beklebt. Hier bitte nicht die stumpfe Seite der Alufolie sichtbar nach außen kleben, sondern die, die mehr reflektiert. Es muss nicht zwingend neue Alufolie verwendet werden, auch benutzte erfüllt ihren Zweck. Der Deckel dient somit als Reflektor.
2. Der Boden des Kartons wird mit schwarzer Farbe angemalt. Das absorbiert die Strahlen, und die Wärme bleibt im Karton.
3. Kleine Öffnungen sollten von außen mit Isolierband abgeklebt werden, damit die Wärme auch im Grill selbst bleibt.
4. Nun wird das zu erwärmende Lebensmittel in den Grill gelegt und mit einer Klarsichtfolie abgedeckt, darf das Lebensmittel aber nicht berühren. Für den Anfang könnte eine kleine Schüssel mit Schokolade reichen. So kann beobachtet werden, wie die Hitze die Schokolade schmilzt. Danach könnte ein Marshmallow ausprobiert werden.
5. Die Seite des Grills mit der Alufolie, sollte immer in Richtung Sonne gedreht werden, damit die Sonnenstrahlen auch richtig einfallen können.

Es kann sehr heiß im Grill werden. Bitte beim Öffnen vorsichtig sein!

in Pizzakarton oder die Verpackung von Schaumküssen könnte auch genutzt werden. Es geht aber auch noch professioneller: Indem man einen äußeren und einen inneren Karton verwendet. Damit kann dann sogar das Mittagessen aufgewärmt werden.

BESONDERE GRILLS

Es gibt ganz besondere Grill-Arten, die in diesem Buch auf keinen Fall fehlen dürfen, wie der Pizza-Dome, der Komadogrill, der Smoker und der Pelletgrill.

Der Pizza-Dome

Eigentlich eignet sich jeder Grill, der geschlossen werden kann, um eine Pizza zu grillen. Man muss nur ein bisschen ausprobieren. Die Pizza sollte auf jeden Fall nicht zu dick belegt werden. Wer öfter Pizza grillen will, für den lohnt sich vielleicht ein Pizza-Dome. Er sieht aus wie ein Maulwurfshügel mit mehreren Öffnungen an der Seite. Dort werden kleinere Pizzableche hineingeschoben, die an große Raclettepfännchen erinnern.

Der Kamadogrill

Der Kamado ist ein eiförmiger Grill aus Keramik. Er ermöglicht eine gute Regulierung von Zu- und Abluft, sodass die Temperatur gut gehalten werden kann, wird mit Holzkohle betrieben und eignet sich für viele Gerichte. Er funktioniert wie ein Heißluftherd.

Der Smoker

Ein Smoker ist ein großer Ofen, der üblicherweise mit Holzkohle befeuert wird. Das Grillgut liegt in einer Garkammer, also nicht wie auf einem klassischen Holzkohlegrill direkt über der Glut. Ein Smoker eignet sich für Speisen wie Pulled Pork, das viele Stunden, bis zu 24, garen muss. Ein bisschen ist er mit einem Räucherofen vergleichbar. Denn durch das lange Garen entsteht ein rauchiger Geschmack.

Der Pelletgrill

Der Name Pelletgrill kommt daher, dass die Hitze in dem Grill durch Holzpellets entsteht. Diese Pellets bestehen aus gepressten Sägespänen. Sie werden im Grill verbrannt, doch betrieben wird das Ganze mit Strom. Die Pellets werden nicht von Hand in den Grill gelegt, sondern über eine kleine Schnecke im Grill befördert und so immer wieder automatisch nachgelegt.

#machsnachhaltig

ALLES WIEDERVERWENDEN

Egal, für welchen Grilltyp man sich entschieden hat: Jeder Grill hat eine endliche Haltbarkeit. Die richtige Pflege trägt dazu bei, dass er länger hält. Man sollte sich also vor dem Neukauf eines Grills informieren, wie pflegeleicht das Modell und das Zubehör sind.

Reparieren statt neu kaufen

Kleinigkeiten wie eine abgebrochene Schraube oder ein kaputter Grillrost lassen sich oft leicht ersetzen. Auch andere Ersatzteile wie Griffe oder Thermometer gibt's im Baumarkt – wenn nicht vor Ort, dann zumindest online. Bekannte Hersteller wie „Weber" bieten in den eigenen Onlineshops Ersatzteile wie Aschebehälter oder Bolzen an. Es macht durchaus Sinn, vor dem Kauf zu schauen, ob Ersatzteile verfügbar wären.

Den ausrangierten Grill weiterverwerten

Hat der Grill wirklich ausgedient, kann er als Pflanzkübel dienen. Ein alter Kohlegrill zum Beispiel hat noch den Vorteil, dass durch die Öffnung im Boden überschüssiges Wasser abfließen kann. Auch lässt sich ein alter Grill als Feuerschale nutzen. Aus einem alten Grillrost kann ein Rankgitter für Tomaten werden. Gut gesäubert, würde er sich auch als Halterung für Fotos, Schmuck-Display oder als Vogelfutterstation eignen. Bemalt, würde er sicher eine gute Figur als Wanddeko oder Organizer machen.

Verkaufen statt Entsorgen

Gerade Markengrills lassen sich, sofern sie noch funktionstüchtig sind, übrigens gut verkaufen, zum Beispiel über Plattformen wie „Kleinanzeigen". Zum einen bekommt man Geld, das in einen neuen Grill investiert werden kann. Der viel größere Vorteil aber ist, dass der Grill weiter genutzt wird, anstatt auf dem Wertstoffhof zu landen. Gleichzeitig kann geschaut werden, ob es den neuen Wunschgrill auch dort gebraucht gibt.

#machsnachhaltig

Ein ungewöhnliches Grillvergnügen:

Lagerfeuer mit Synergie

Ein paar Lieder singen, zusammen sein und einfach eine schöne Zeit haben – das ist der Inbegriff eines perfekten Lagerfeuers. Das Lagerfeuer kann aber noch mehr, es ist die perfekte Kombination aus Grill und Event. Es dauert lange, Menschen können zusammenkommen, es wärmt – warum nicht damit grillen? Die klassischen Lagerfeuersnacks, die eigentlich alle kennen, sind Marshmallows und Stockbrot. Für beides braucht es nur einen spitzen Stock und ein wenig Zeit. Marshmallows zum Beispiel werden auf den Stock gepiekt und für nur drei Sekunden in die Glut gehalten. Mit einem Lagerfeuer und ein paar einfachen Tricks kann man aber auch eine Menge Menschen satt bekommen!

In der Glut in Alufolie grillen lassen sich:

- Maiskolben
- Kartoffeln
- Gemüsepäckchen
- Auberginen

Im gusseisernen Bräter oder in der Pfanne über dem Feuer kochen lassen sich:

- Chili sin Carne
- Eintöpfe und Suppen
- sogar Nudeln

Direkt auf dem Stock grillen lassen sich:

- Marshmallows
- Würstchen
- Gemüsespieße
- Maiskolben
- Stockbrot
- Obstspieße
- Schokobananen

Selbstverständlich könnte auch eine Kombination aus Schwenkgrill und Lagerfeuer gebaut werden (wenn der Grill groß genug ist). Aber es sollte keine Grillkohle direkt auf die Erde gelegt werden, um unkontrollierte Glut zu vermeiden. Wichtig ist außerdem, dass die Feuerstelle begrenzt ist, beispielsweise durch Steine.

SMORES-REZEPT:

SMORES SIND EINE MISCHUNG AUS WARMER SCHOKOLADE, MARSHMALLOWS UND KEKSEN. SIE SIND SCHNELL UND EINFACH GEMACHT. FÜR 10 STÜCK BRAUCHST DU: 20 BUTTERKEKSE, 10 STÜCKE SCHOKOLADE UND 10 MARSHMALLOWS. DIE MARSHMALLOWS WERDEN ÜBER DEM FEUER GERÖSTET UND DANACH JE ZUSAMMEN MIT 1 STÜCK SCHOKOLADE ZWISCHEN 2 KEKSE GELEGT, ÄHNLICH WIE BEI EINEM BURGER.

WAS KOMMT REIN ODER RAN?

Ist erst einmal der richtige Grill ausgewählt, geht es darum, was in oder an den Grill kommt. Gibt es überhaupt umweltfreundliche Kohle? Welche Anzünder sollte ich verwenden? Und was muss ich beim Grillen mit Gas oder Strom beachten? Im Folgenden ein paar Tipps.

DIE RICHTIGE KOHLE

Ganz schnell wird ein Sack Kohle im Supermarkt gekauft. Aber was ist Kohle eigentlich? Woher kommt sie und woran erkennst du gute Grillkohle?

Wie wird Holzkohle hergestellt?

Durch den Prozess der Pyrolyse. Das gesammelte Holz wird gestapelt und mit einer Abdeckung versehen, sodass möglichst keine Luft eindringen kann. Das Holz wird dann erhitzt. Durch den Luftabschluss verbrennt es nicht komplett, sondern es lösen sich flüchtige Teile wie Wasser heraus. Zurück bleibt die Holzkohle. Bevor sie verpackt wird, wird gewartet, bis sie abgekühlt ist. Danach macht sie sich auf den Weg in unser Zuhause.

Leider steht Holzkohle immer wieder in Verruf. Denn damit wir grillen können, werden in anderen Ländern Wälder gerodet, und das teilweise illegal. Im Jahr 2017 waren die wichtigsten Lieferländer für Grillkohle: Polen (79 000 Tonnen), Paraguay (32 000 Tonnen) und die Ukraine (23 000 Tonnen).[18] In Paraguay bedroht die illegale Abholzung nicht nur die Umwelt, sondern auch den Lebensraum von Menschen.[19]

Der WWF hat in einer großangelegten Studie im Jahr 2020 herausgefunden, dass selbst in Verpackungen mit der Aufschrift „Nicht aus Tropenholz“ Tropenholz enthalten war.[20] Auch in Holzkohle aus Polen wurde Tropenholz gefunden. Es ist also wirklich nicht so leicht, Kohle ohne diese Bestandteile zu finden.

Gute Kohle erkennen

Gute Grillkohle besteht aus gleichmäßig großen Stücken mit allenfalls wenigen kleinen Stücken. Sie ist schwarz und ein wenig glänzend. Sie besteht aus reinem Holz, es sollte nichts anderes der Grillkohle beigemischt sein.

Kohle richtig lagern

Kohle sollte immer gut verschlossen an einem trockenen Ort gelagert werden. Steht sie im Regen, muss sie erst wieder gut trocknen, um entzündet werden zu können.

Kohle oder Briketts?

Holzkohle-Briketts werden aus Holzkohle oder Holzkohlestaub unter Druck gepresst. Bei der Auswahl solltest du deine Bedürfnisse einbeziehen. Kohle hat im Vergleich zu Briketts eher eine kurze Durchglühzeit. Nach circa 20 bis 30 Minuten ist sie bereit, und es kann losgegrillt werden. Dafür verliert sie auch relativ schnell ihre Wärme. Briketts hingegen brauchen länger, um auf die richtige Temperatur zu kommen, haben dafür aber auch eine längere Glühdauer – mehr als drei Stunden[21]. Es kann also länger gegrillt werden.

Alternativen zu beidem findest du auf der Seite 41.

Das Problem der Nachhaltigkeit

Kohle, für die gesichert kein Wald illegal gerodet wurde, ist schwer zu erkennen, da die Herkunft nicht auf der Verpackung angegeben sein muss. Im Gegenzug führen Aufschriften wie „Naturprodukt" leicht in die Irre. Holzkohle ist an sich immer ein Naturprodukt, da sie eben aus Holz ist. Solche Aufschriften sollen einfach mehr Nachhaltigkeit suggerieren, als wirklich drinsteckt.

Drei Siegel, auf die du achten kannst:

- DIN EN 1860-2: Die DIN-Norm legt beispielsweise den Aschegehalt und die Größe der Kohlestücke fest und regelt, dass kein Pech oder Erdöl enthalten sein darf.[22]
- Naturland-Siegel:
  Dieses Bio-Siegel steht bei Grillkohle dafür, dass die Wälder, aus denen das Holz stammte, nachhaltig bewirtschaftet wurden und dass diverse chemische Zusätze fehlen.
  https://www.naturland.de
- FSC-Siegel:
  Dieses Siegel steht dafür, dass bei der Herstellung bestimmte soziale und ökologische Richtlinien berücksichtigt wurden.[23]
  https://www.fsc-deutschland.de/was-ist-fsc/

FÜR GROßE GRILLFESTE MIT VIELEN GÄSTEN UND VIEL GRILLGUT SIND HOLZKOHLE-BRIKETTS DURCH IHRE LANGE GLÜHDAUER IDEAL.

5 Alternativen zu Holzkohle

Es gibt zahlreiche Alternativen zu Holzkohle. Die einen haben den Vorteil einer längeren Brenndauer, die anderen bestehen aus Abfallprodukten – und Recycling ist doch immer eine gute Sache!

- **Maisspindeln** sind der Kern von Maiskolben. Dieser landet oft im Müll, da nur die Maiskörner gegessen werden. Genau das ist der Vorteil: Statt sinnlos auf den Müll geworfen zu werden, dienen sie so immerhin noch einem Zweck und werden verwertet. Noch ein Vorteil ist, dass die Maisspindeln das Grillen schon in wenigen Minuten ermöglichen. Sie können online in 20 kg-Pappkartons gekauft werden. Wer die Pappkartons danach nicht in den Müll wandern lassen will, kann sie über die App repacket weitergeben.
- **Briketts aus Olivenkernen** sind wahre Resteverwerter. Alles, was bei der Olivenölproduktion übrig bleibt, wie Schale, Fruchtfleisch und Olivenkerne, wird erst getrocknet, dann verkohlt und schließlich mit Stärke in Form gepresst.[24] Der Vorteil gegenüber Kokos-Briketts ist der kürzere Transportweg. Briketts aus Olivenkernen können zum Beispiel aus Griechenland kommen.
- **Kokos-Briketts** bestehen aus Schalen der Kokosnuss. Auch hier ist der Vorteil, dass ein Abfallprodukt noch verwendet wird. Allerdings müssen die Briketts erst hergestellt werden – auch das braucht Ressourcen. Zudem haben sie weite Transportwege von Asien bis nach Europa. Für Verbraucher ist es auch schwer herauszufinden, ob der Grundstoff aus fairem Anbau stammt oder ob die Briketts mit dem Schiff oder dem Flugzeug transportiert wurden.
- **Bambus-Briketts** bestehen aus den Resten der Bambusverarbeitung. Sie haben wie die Kokos-Briketts eher einen längeren Transportweg. Und auch hier ist es herausfordernd, etwas über den Anbau herauszufinden.
- **Weinreben-Stücke** sind die Reste, die anfallen, wenn eine Weinrebe zurückgeschnitten wird. Vorteil ist auch hier, dass ein Abfallprodukt verwertet werden kann. Und: Die Transportwege können kurz sein.[25] Irgendwie passt es doch auch zu einem Grillabend, bei dem Wein das Hauptgetränk ist, oder nicht?
- **Mangokern-Briketts** gibt es tatsächlich auch seit wenigen Jahren. Auch sie sind eine gute Idee, denn die Mangokerne landen sonst immer im Müll.

DER RICHTIGE ANZÜNDER

Die größte Herausforderung beim Grillen mit Kohle liegt im Anzünden der Kohle. Damit dies gelingt, muss ein guter Grillanzünder her. Es gibt flüssige Grillanzünder wie Spiritus, elektrische Anzünder, einen Anzündkamin, Anzündwürfel und dann auch noch die Möglichkeit, Grillanzünder aus natürlichen Materialien selbst herzustellen. Welche dieser Alternativen sind besonders nachhaltig und welche eher nicht?

Eine Regel gilt es bei allen Anzündern zu beachten: Erst wenn diese vollständig abgebrannt sind, sollte das Grillgut aufgelegt werden, damit keine problematischen Stoffe auf das Grillgut übergehen können.

Flüssige Grillanzünder und Sprays

Ein flüssiger Grillanzünder wird auf die Kohle gegossen und sollte kurz einwirken, bevor sie entzündet wird. Ihre Basis ist oft Erdöl. Es gibt aber auch Alternativen aus Pflanzenölen. Auf Anzündsprays, die genauso wirken, sollte man aus Liebe zur Natur lieber verzichten. Die Spray-Verpackung ist schwer zu recyceln und enthält ohnehin nur eine geringe Menge – zu viel Verpackung für zu wenig Produkt!

Allerdings sollte man beim Grillen mit Kindern aus Sicherheitsgründen auf flüssige Anzünder verzichten, da sie womöglich mit einem Getränk verwechselt werden könnten.[26]

Vorteil

Der einzige Vorteil flüssiger Grillanzünder ist der Preis: Im Vergleich zu anderen Varianten liegen sie günstiger.

Nachteil

Flüssige Grillanzünder können den Nachteil haben, dass sie durch den Grill hindurch auf den Boden gelangen, wenn sie nicht schnell genug entzündet werden. Auch der sich entwickelnde Geruch kann störend sein.

VORSICHT BEIM GRILLEN IM PARK. SPIRITUS ODER ANDERE FLÜSSIGE GRILLANZÜNDER KÖNNEN VERBOTEN SEIN.

Anzündwürfel und Anzündwolle

Anzündwürfel bestehen aus wachsartigem Material sowie Säge- oder Korkmehl. Manche enthalten Paraffin. Anzündwolle besteht aus Naturholz und pflanzlichem Wachs. Daneben gibt es Anzünder aus Sägespänen. Auch diese sind mit pflanzlichen Wachsen hergestellt – ich würde diese Produkte immer den anderen vorziehen. Bei Wolle kann zudem darauf geachtet werden, dass sie FSC-zertifiziert ist und in Deutschland hergestellt wurde. Einige Anbieter versenden die Wolle auch in Großpackungen ab 200 Stück. So liegen sie preislich gleich mit Alternativen aus dem Supermarkt.

Das Bundesinstitut für Risikobewertung stuft Anzündwürfel als weniger gefährlich ein als flüssige Grillanzünder.

Beim Einkauf sollte man genau auf die Inhaltsstoffe achten, um auszuschließen, dass schädliche Chemikalien enthalten sind.

Vorteil

Diese Anzünder haben den Vorteil, dass sie Inhaltsstoffe haben, die ohnehin irgendwo in der Produktion anfallen, wie Sägespänen. So wird einem Restprodukt noch ein Sinn verliehen. Sind nur natürliche Stoffe enthalten, hat dies den Vorteil, dass keine gefährlichen Substanzen auf das Grillgut gelangen.

Nachteil

Die nachhaltigeren Anzünder aus Holzwolle und Sägespänen können eine kürzere Brenndauer haben als andere Würfel, sodass mehr davon genutzt werden muss.

Anzündkamin

Der Anzündkamin ist eine Vorrichtung aus Metall, in die Anzünder sowie darüber Holzkohle gefüllt wird. Durch seine Form wird die perfekte Belüftung erreicht, was dazu führt, dass die Kohle schnell einsatzbereit ist.

Vorteil

Durch den Anzündkamin wird die Kohle schnell und einfach zum Glühen gebracht. Es ist die Methode, die von allen am schnellsten geht; zudem fällt lästiges Luftzufächeln weg.

Nachteil

Der Anzündkamin wird sehr heiß und sollte daher wirklich mit Vorsicht bedient werden. Zudem werden für den Gebrauch immer Anzündwürfel benötigt.

Elektrische Anzünder

Der elektrische Grillanzünder wird einfach unter die Kohle gelegt. Die darin enthaltene Heizspirale erhitzt sich und bringt so die Kohle zum Glühen.

Vorteil

Elektrische Grillanzünder bringen die Kohle ohne offenes Feuer zum Glühen. Auf chemische Anzünder wie die flüssigen kann man somit komplett verzichten, was der Umwelt zugutekommt.

Nachteil

Es muss immer Strom vorhanden sein. Was dem portablen Kohlegrill einen Vorteil nimmt.

Selbsthergestellter Grillanzünder

Grillanzünder aus Zeitungspapier führen zum gewünschten Erfolg, aber die Asche des Papiers kann sich auf dem Grillgut ablagern. Aus Sägespänen und Wachs lässt sich relativ leicht ein Anzünder herstellen – ein Upcycling-Wunder, wenn altes Kerzenwachs verwendet wird (siehe die folgende Doppelseite). Anzünder aus Holzwolle und Wachs sind eine günstige Alternative, aber auch alte Wachstücher eignen sich. Schneide dazu einfach dein altes Wachstuch in kleinere Stücke und drehe diese ein. Es gibt sie in der Form sogar zu kaufen.

Vorteil

Aus Müll, wie Resten von Kerzenwachs, kann noch ein sinnvolles Produkt werden.

Nachteil

Bestandteile wie Sägespäne sind womöglich nur schwer zu bekommen. Reste von aufgewirbeltem Zeitungspapier können auf dem Grillgut landen.

Pusten, wedeln, fächeln

Vorneweg gilt: Ein Fön ist nicht das richtige Hilfsmittel zum Grillanzünden. Es entsteht ein unkontrollierbarer Funkenflug, wodurch böse Überraschungen passieren können. Besser ist es, hier direkt den Anzündkamin zu nutzen oder einen Fächer.

Don'ts beim Anzünden

- Weder Benzin noch Spiritus zum Anzünden verwenden. Beides kann zu gefährlichen Flammen führen.
- Verwende keine Dinge als Anzünder, die viel Rauch entwickeln, wie beispielsweise Tannenzapfen oder Zweige.
- Den Grill nicht auf einer leicht entzündbaren Oberfläche positionieren.

Dos beim Anzünden

- Verwende einen elektrischen Grillanzünder, wenn möglich.
- Nutze einen Fächer zum Entfachen der Kohle.
- Falls du einen anderen Anzünder verwendest als einen elektrischen, dann nimm nur die angegebene Menge. Zu viel Anzünder kann dazu führen, dass es zu viele Flammen gibt. Zudem werden so unnötige Ressourcen verbraucht. Warte zudem, bis der Anzünder komplett verbrannt ist, ehe du das erste Grillgut auflegst.
- Achte auf dich selbst. Zieh dir Handschuhe an, wenn du einen Anzündkamin nutzt. Selbstschutz sollte immer an erster Stelle stehen.

#machsnachhaltig

GRILLANZÜNDER AUS SÄGESPÄNEN HERSTELLEN

ca. 100 g Wachsreste

Eine kleine Handvoll Sägespäne (maximal 2 cm groß)

Silikon- oder Papiermuffinformen

2 Töpfe (ein kleinerer und ein größerer)

Herstellungszeit: 20 Minuten

Magst du Kerzenschein und weißt nicht, wohin mit den Wachsresten? Dann können selbstgemachte Grillanzünder ein guter Weg sein, diese aufzubrauchen. Die Anzünder werden genauso genutzt wie gekaufte Anzünder. Sägespäne gibt es im Baumarkt oder, wenn du Glück hast, in der Schreinerei um die Ecke. Wenn du jemanden kennst, der/die gerne schnitzt, kannst du auch ihn oder sie fragen, ob du die Späne haben kannst. Dadurch, dass die Sägespäne mit Wachs ummantelt werden, brennen sie länger. Ohne Wachs würden sie zu schnell verbrennen und hätten nicht genug Zeit, die Kohle richtig zu entfachen.

1. Lege die Wachsreste in den kleinen Topf. Je kleiner die Stücke sind, desto schneller schmelzen sie.
2. Erhitze Wasser in dem größeren Topf und stelle den kleinen Topf hinein. Das Wasser sollte nicht kochen. Es reicht, wenn es sehr warm ist. Du siehst wahrscheinlich schon direkt, ob das Wachs anfängt zu schmelzen oder nicht.
3. Bereite in der Zwischenzeit die Sägespäne vor. Lege sie in die Muffinförmchen.
4. Ist das Wachs geschmolzen, gibst du circa einen Teelöffel voll in die Förmchen auf die Sägespäne. Drücke dann die Sägespäne etwas an.
5. Jetzt lässt du das Ganze fest werden, und schon sind die Grillanzünder fertig. Das kann ein wenig dauern, aber maximal ein paar Stunden. Gelagert werden sollten die Anzünder möglichst trocken und nicht in direkter Sonneneinstrahlung. Sonst schmelzen sie wieder.

WENN DU KEINE SÄGESPÄNE VERWENDEN WILLST, SAMMLE DIE HOLZRESTE VON STREICHHÖLZERN. AUCH DIE EIGENEN SICH. ALLERDINGS MÜSSEN DA SCHON EINIGE GESAMMELT WERDEN.

#machsnachhaltig

Einen Anzündkamin aus einem Besteckhalter bauen

2 M8-Schlossschrauben, lang

6 passende Muttern

Metallgriff zum Anheben

runder metallener Besteckkorb mit Löchern

Herstellungszeit: 10 Minuten

Vielleicht hast du noch einen alten metallenen Besteckkorb im Keller? Oder wurde er von jemand anderem aussortiert? Sowas findet sich oft in Zu-verschenken-Kisten. Perfekt. Dann kannst du daraus einen Anzündkamin bauen, wenn du gern mit Kohle grillst. Der Vorteil von so einem Anzündkamin ist, dass die Kohle gleichmäßiger durchglüht und somit schneller Grillgut aufgelegt werden kann. Das spart auch Anzünder.

1. Setze eine der beiden Schrauben seitlich von innen nach außen in den Besteckkorb und fixiere sie mit einer Mutter.
2. Das Gleiche machst du mit der zweiten Schraube. Eine sollte eher oben sein, eine weiter unten.
3. Befestige nun mit den übrigen vier Muttern den Metallgriff an den Schrauben. Hier könntest du einen alten Griff von einer Schublade nehmen oder einen langen Wandhaken.
4. Fülle Kohle in den Anzündkamin, stelle ihn auf den Grill und zünde die Kohle an. Ist sie durchgeglüht, dann kippst du sie in den Grill. Aber Vorsicht: Der Kamin wird sehr heiß und sollte keinesfalls mit den Händen berührt werden. Fürs Anheben hast du den Griff daran befestigt. Falls dein gewählter Griff nur aus Metall besteht (ohne ein nicht-wärmeleitendes Element wie z. B. Holz) dann solltest du auch diesen vorsichtshalber nur mit einem Schutzhandschuh berühren.

AUCH AUS EINER KONSERVENDOSE LÄSST SICH EIN KLEINER ANZÜNDKAMIN HERSTELLEN. ALLERDINGS MUSS HIER BEDACHT WERDEN, DASS DIESE OFT BESCHICHTET SIND UND DIE BESCHICHTUNG SICH BEIM VERBRENNEN AUFLÖSEN KANN. FÜR BASTLER GINGE AUCH EIN STÜCK VON EINEM ALTEN KAMIN.

DAS RICHTIGE AROMA

Der rauchige Geschmack ist für viele Grillfans ein Muss. Aber wie erreicht man ihn am besten? Gerade beim Smoker ist das richtige Raucharoma wichtig für ein gutes Ergebnis. Normale Grillkohle sorgt kaum für einen rauchigen Geschmack. Um diesen zu erhalten, müssen zusätzlich verschiedene Räucherhölzer verwendet werden. In Form von Räucherchips und -spänen können sie auch auf dem Gasgrill verwendet werden, ja durch den Räucherkorb sogar auf dem Elektrogrill.

Welches Holz für welches Grillgut?

Eigentlich kann man den rauchigen Geschmack wie ein Gewürz sehen, denn je nach verwendetem Holz unterscheidet sich auch das Geschmacksergebnis: Obsthölzer wie **Apfel oder Kirsche** geben ein leicht süßliches Aroma und bewirken einen milderen Geschmack. Sie eignen sich besonders für das Grillen von Brot oder Brötchen und Gemüse.

Buche und Eiche sind universell einsetzbar und geben besonders Fleisch und Fisch ein gutes mittleres Raucharoma.

Hickory oder Mesquite wiederum bieten sich an, um einen guten Räucher-Tofu zu kreieren, denn sie verleihen dem Grillgut ein stark rauchiges und teilweise scharfes Aroma.

Es lohnt sich, hier etwas zu experimentieren und auch mal Hölzer, die ein starkes Raucharoma bewirken, wie Walnuss, mit Apfel zu kombinieren. Als Einstieg empfiehlt sich Buchenholz. Preislich unterscheiden sich Räucherhölzer stark. So ist Mesquite deutlich teurer als Apfelholz.

Weitere Möglichkeiten für gutes Raucharoma

Raucharoma kann auch durch Flüssigrauch oder bestimmte Öle an das Grillgut gebracht werden. Flüssigrauch imitiert den rauchigen Geschmack, der sonst durch die Räucherhölzer entstehen würde. Er wird auch dazu verwendet, Soßen und Marinaden herzustellen, und bewirkt einen sehr starken Geschmack – daher sollte er wirklich nur in geringer Menge eingesetzt werden.

Die Verwendung von Raucharomen soll sicherer sein als das Räuchern. Die Europäische Behörde für Lebensmittelsicherheit hat dazu extra die „Verordnung zu Raucharomen“ erlassen.[10]

RÄUCHERCHIPS KÖNNEN FÜR 15 MINUTEN GEWÄSSERT WERDEN, DAMIT SIE LANGSAMER VERBRENNEN.[27]

DAS RICHTIGE GAS

Spannend beim Grillen mit Flüssiggas ist, dass seine Produktion weniger CO2-Emissionen bedeutet als die von Kohle. Allerdings steckt in Gasflaschen meist Butan oder Propan, was beides als Nebenprodukt bei der Erdölförderung anfällt. Beide sind also leider keine erneuerbaren Energien.

Im Grill wird durch die Verbrennung des Gases Wärme erzeugt, die dann das Grillgut brutzelt.[11] Ein großer Vorteil ist hier vor allem, dass der Grill genau auf die gewünschte Temperatur gebracht und schnell wieder ausgeschaltet werden kann.

Es gibt mittlerweile Bio-Gas, das für den Gasgrill genutzt werden kann. Es wird aus Abfallstoffen oder nachwachsenden Rohstoffen oder einer Mischung aus beidem hergestellt, was natürlich die Umwelt weniger belastet. Das Problem hierbei ist bisher nur, dass es noch nicht in kleineren Flaschen zu kaufen ist. Anbieter ist zum Beispiel die Firma Scharr.[12]

Beim Kauf von Bio-Gas solltest du genau darauf achten, ob sich das Produkt auch wirklich zum Grillen eignet.

Wissenswertes und Tipps für den Gasflaschenkauf:

- Checke vor dem nächsten Baumarktbesuch, ob dein Gas zur Neige geht. So musst du nicht vor dem nächsten Grillfest extra noch einmal mit dem Auto los.
- Viele Baumärkte haben einen Nachfüllservice – online findest du das schnell heraus.
- Schau in der Betriebsanleitung des Grills nach, wie groß die Gasflasche maximal sein darf, um in den Grill zu passen. Lies auch nach, welche Flaschengröße empfohlen wird.
- Grillst du viel, wähle eher eine große Größe. Grillst du eher selten, reicht wahrscheinlich eine 5 kg-Gasflasche für die ganze Saison.
- Macht der Grill über Wochen oder Monate Pause, sollte die Glasflasche abgetrennt werden.
- Stelle den Grill wirklich ab, wenn alles gegrillt ist, was gegrillt werden musste.

UM DAS GRILLGUT KURZ WARM ZU HALTEN, KANN ES REICHEN, DEN DECKEL DES GRILLS ZU SCHLIEßEN.

TARA 5.64 KG 2035 P15Y

DER RICHTIGE STROM

Wer einen Elektrogrill hat, braucht eine Stromquelle, so viel ist klar. „Erneuerbar“ ist auch hier das Schlagwort, das Nachhaltigkeit verspricht. Also warum nicht mit einem Solarpanel den eigenen Strom erzeugen? Falls das nicht geht, dann sollte man sich zumindest für Ökostrom entscheiden, denn es bringt tatsächlich was, echten Ökostrom und die Firmen zu unterstützen, die ihn anbieten, denn sie sind der Weg hin zur Unabhängigkeit von fossilen Brennstoffen. Die Energiewende kann schließlich entscheidend sein im Kampf gegen den Klimawandel. In jedem Fall bedeutet Ökostrom weniger Verbrauch natürlicher Ressourcen und weniger CO_2.

Echten Ökostrom erkennen

Der „Ökotarif“ deines lokalen Energieversorgers muss nicht wirklich Ökostrom in dein Zuhause bringen. Denn echten Ökostrom bekommst du nur dann, wenn der Energieversorger auch in den Ausbau von Ökoenergie investiert und nicht gleichzeitig einen Stromtarif auf Basis fossiler Rohstoffe anbietet. Das herauszufinden ist leider oft gar nicht so einfach. Echten Ökostrom erkennst du am besten an den Labels „Grüner Strom“ und „ok Power“.

„Polarstern“, „Naturstrom“ und „Green Planet Energy“ sind zum Beispiel drei Energieversorger, die echten Ökostrom anbieten. Es gibt aber noch mehr! Scanne dafür einfach den nebenstehenden QR-Code.

https://www.oekostrom-anbieter.info/oekostromanbieter

Geht Grillen mit Solarpanel?

Die Antwort ist nicht so einfach: Es kommt auf das Solarpanel an. Denn der Elektrogrill braucht je nach Grilldauer einiges an Strom. Dafür kann es sein, dass du ein größeres und leistungsstärkeres Solarpanel brauchst. Dazu kommt noch das Wetter. An einem eher grauen Tag wird es schwierig werden, genug Energie zu erzeugen. Du bräuchtest dann einen Speicher, der dir das Grillen ermöglicht (aber den bräuchtest du ohnehin, wenn du abends nach Sonnenuntergang noch grillen möchtest). Daher empfiehlt es sich, noch eine Powerstation zu nutzen. Bei einem eher geringen Platz wäre das schwierig. Bei viel Platz, beispielsweise im Garten, sieht das schon anders aus. Wer wirklich gut mit Sonnenenergie grillen will, greift am besten direkt zu einem Solargrill.

GRÜNER STROM
Das Ökostromlabel der Umweltverbände

OK POWER
GÜTESIEGEL

DIE RICHTIGEN UTENSILIEN

Alufolie, praktisch und fein? – Lass es lieber sein. Alufolie schützt zwar beim Grillen über Kohle das Grillgut, aber sie hat den Nachteil, dass sie meist nach nur einer Nutzung im Müll landet. Säure- oder salzhaltige Lebensmittel sollten ohnehin nicht in Alufolie verpackt werden, rät die Verbraucherzentrale: Denn Aluminium kann in die Lebensmittel und damit in unseren Körper gelangen.[13] Gleiches gilt für Grillschalen ohne Schutzschicht. Zum Glück gibt es eine Menge Alternativen zu Alufolie.

Grillbretter

... eignen sich gut für Fisch oder Fleisch, denn je nach Holz können sie ein gutes Raucharoma dazugeben. Der Nachteil ist, dass die Bretter bis zu eine Stunde vor dem Grillen gewässert werden müssen.

Grillpäckchen

Ob Gemüse oder Käse: Was sonst in Alufolie eingewickelt wird, kann auch in Gemüseblätter gewickelt werden. Hier bieten sich Kohl- oder Mangoldblätter an. Sind die Blätter zu fest und unflexibel, können sie vorher kurz in Wasser gebrüht werden.
Auch Backpapier kann eine gute Option sein. Es kann vorher befeuchtet werden. Allerdings birgt Backpapier die Gefahr, dass es sich bei hoher Temperatur (>300 °C) entzündet.

Grillpfännchen

Hast du vielleicht noch eine Raclette zu Hause? Nutze die kleinen Pfännchen doch einfach zum Grillen. Auch hier kann Gemüse und Käse gegart werden, ohne dass etwas tropft, und die Pfännchen können danach einfach in die Spülmaschine. Allerdings müssen die Pfännchen so auf dem Grill platziert werden, dass die Griffe draußen bleiben. Alternativ gibt es Grillpfännchen.

Grillschalen

... sind sehr sinnvoll, denn so muss der Grill weniger aufwendig gereinigt werden und kleine Teile fallen nicht so leicht vom Rost. Außerdem verhindern sie, dass Flüssigkeit auf die Kohle tropft. Hier macht es Sinn, eine wiederverwendbare Variante zu kaufen, die bestenfalls in die Spülmaschine passt. Das Bundesinstitut für Risikobewertung empfiehlt Grillschalen aus Edelstahl.[14]

Metallspieße

Statt Einmalspießen aus Holz eignen sich Metallspieße gut zum Grillen von Fleisch oder Gemüse. Die könnten dann nach dem Grillen gleich noch für ein Schokofondue genutzt werden. Aber Vorsicht: Sie werden sehr heiß.

Pizzastein

... eignet sich sehr gut zum Grillen von Brötchen, Brot und Flammkuchen.

Speckstein

... kann auch eine müllfreie Alternative zu Aluschalen sein. Er wird auf den Grill gelegt, und das Grillgut dann darauf. Gemüse, Fisch, Fleisch – alles ist möglich. Speckstein ist allerdings sehr schwer und eignet sich daher kaum zum Mitnehmen.

#machsnachhaltig

GEMÜSEBLÄTTER STATT ALUFOLIE

Die Blätter unterschiedlicher Gemüsesorten sind nicht nur essbar und eignen sich damit als Salatzutat auf dem Grillbuffet – aus ihnen lassen sich auch prima kleine Grillpäckchen schnüren. Vor allem große Blätter wie die von Kohlrabi sind super. Aber: Bei gekauftem Kohlrabi aus konventionellem Anbau ist Vorsicht geboten. Das Bundesamt für Lebensmittelsicherheit hat Blätter auf Pflanzenschutzmittelrückstände hin untersucht. „Es wurden Überschreitungen der Rückstandshöchstgehalte von 18,6 Prozent bei Kohlrabiblättern und 29,5 Prozent bei Radieschenblättern nachgewiesen." Das Bundesinstitut für Risikobewertung rät ebenfalls von einer Verwendung dieser Pflanzenbestandteile ab, weil einfach noch zu wenig über Rückstände in Stängeln und Blättern bekannt ist.[28] Dazu müssten mehr Lebensmittelanalysen gemacht werden. Denn grundsätzlich wird nur der Teil vom Gemüse getestet, der auch wirklich gegessen wird – beim Kohlrabi also die dicke Knolle, nicht die Stängel oder die Blätter. Warum aber nicht Kohlrabi selbst anbauen? So weißt du, was drin und dran ist, und kannst ihn guten Gewissens essen, und zwar samt seinen Blättern.

Es gibt weitere Gemüsesorten, bei denen das Grün essbar ist. Für Grillpäckchen eignen sich Kohl-, Mangold- und Bananenblätter. Wenn die Blätter zu fest sind, können sie vorher kurz gekocht oder blanchiert werden. Dann sind sie weicher und lassen sich gut knicken. Aber Vorsicht: Bevor du andere Blattsorten nimmst, solltest du recherchieren, denn es gibt Blätter, die wirklich giftig sind. Kartoffelgrün zum Beispiel!

MÖHRENGRÜN UND RADIESCHENBLÄTTER EIGNEN SICH ÜBRIGENS WUNDERBAR FÜR SALAT ODER FÜR DIE HERSTELLUNG VON PESTO. SOGAR BRENNNESSELN MACHEN SICH PRIMA IM SALAT.

DAS GRILLGUT MACHT DEN UNTERSCHIED

Kohle, Gas, Strom hin oder her – circa 95 Prozent der CO_2-Emissionen beim Grillen entfallen auf das, was wir essen wollen.[29] Es kann also einen großen Unterschied machen, wie wir uns ernähren, ob das Grillgut aus der Region kommt und wie es verpackt ist. Wie können wir mit der Wahl des Grillguts unseren eigenen CO_2-Fußabdruck reduzieren?

GENUSS RAUF, ÖKOBILANZ RUNTER!

Wäre es aus Umweltsicht die beste Variante, komplett pflanzlich zu grillen? Ja! Laut Umweltbundesamt ließen sich mit einer pflanzlichen durchschnittlichen Ernährungsweise in Deutschland 38 bis 52 Prozent der Treibhausgasemissionen einsparen. Mit einer vegetarischen 20 bis 47 Prozent. Zudem würden für die Herstellung unserer Lebensmittel weniger Wasser und weniger Fläche gebraucht.[30] Auch die Weltgesundheitsorganisation (WHO) empfiehlt eine vegane bzw. vegetarische Ernährung als klimafreundlich. Ob aus Tierliebe oder um das Klima zu schützen: Ein Umstieg auf eine pflanzliche Ernährung ist auf jeden Fall eine gute Entscheidung.

Die Probleme bei Fisch

Beim Fisch liegen die Herausforderung in vielen Bereichen. Die Geisternetze, die noch Jahrzehnte, nachdem sie genutzt wurden, einfach so durch das Meer treiben und die Meeresbewohner stören, die Überfischung, die Fischbestände in allen Meeren bedroht – beides gefährdet Tier- und Umwelt. Die Auswirkungen spüren aber auch wir Menschen. Diejenigen, die vom Fischfang leben, verlieren ihre Einkommensquelle, eine Nahrungsquelle fällt komplett weg. Manch einer würde sagen, es passt nicht recht zusammen, plastikfrei leben zu wollen, um die Meere sauber zu halten, gleichzeitig aber Fisch zu essen.

Die Probleme bei Fleisch und Wurst

Bei Fleisch und Wurst liegen die Herausforderungen in der Tierhaltung, was sowohl den Umgang mit den Tieren meint als auch die aufwendige Bewirtschaftung der Höfe, vor allem aber die daraus entstehenden Emissionen, die deutlicher höher liegen als bei der Produktion pflanzlicher Nahrung. Ungefähr ein Fünftel der weltweiten Treibhausgasemissionen entstehen durch die Abholzung für Landflächen für die Viehwirtschaft.[31] Hinzu kommt der Import von Futtermitteln für Tiere – so etwa von Soja aus Asien, Argentinien, USA und Brasilien (der Großteil des importierten Sojas dient als Tierfutter!).[32]

Ein Problem, dass Fleisch für viele Menschen ein selbstverständliches Industriegut ist. Oft wird vergessen, was alles hinter einem Stück Fleisch steht. Die Haltung und Verpflegung von Tieren kann sehr herausfordernd sein. Viele Inhaber kleiner Höfe arbeiten ohne freie Tage mehr als acht Stunden pro Tag.

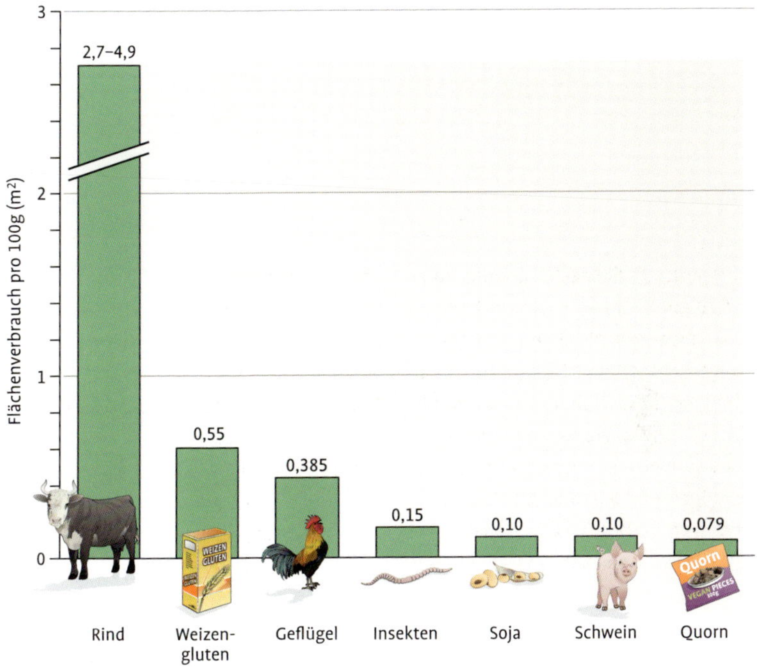

Flächenverbrauch bei der Fleischproduktion.

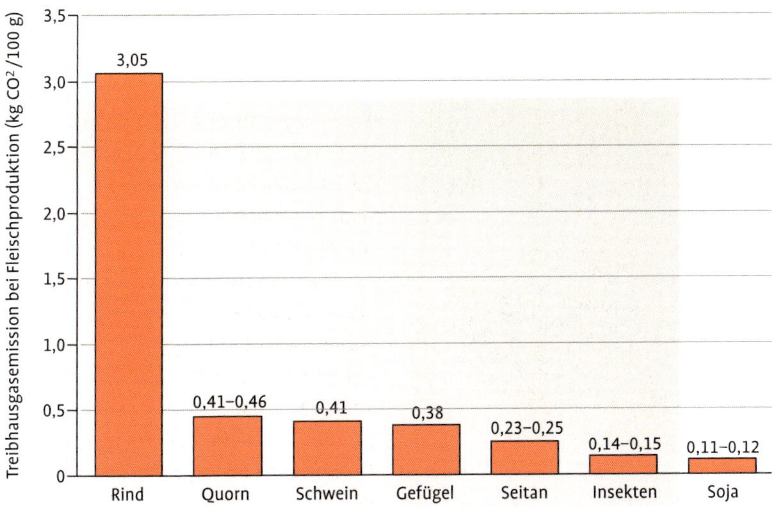

Treibhausgasemission bei der Fleischproduktion.

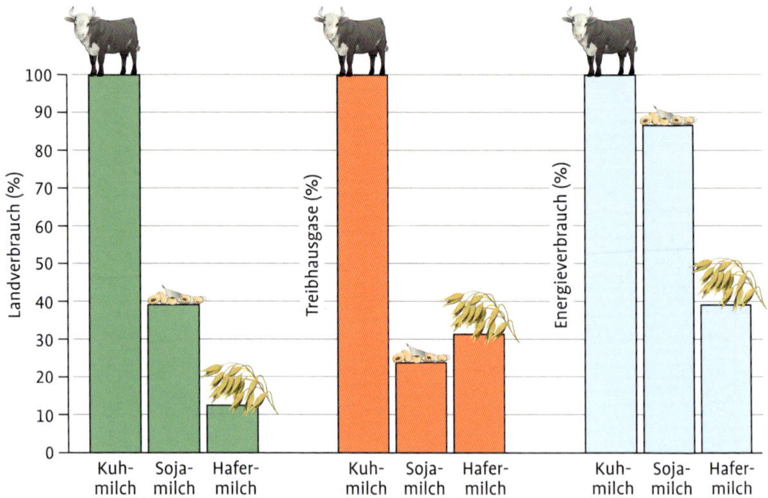

Flächen-, Energieverbrauch und Treibhausgasemission bei der Milchproduktion.

Wasserverbrauch bei der Fleischproduktion.

Zahlen und Fakten

Für ein Kilo Rindfleisch entstehen ganze 30,5 Kilogramm Treibhausgase – so viel wie bei keinem anderen Fleisch! Auch der Flächenverbrauch und Wasserverbrauch ist in der Rinderhaltung deutlich höher als in der von Schweinen oder Geflügel: sechs- bis zehnmal höher.

Für ein Kilo „Fleisch" auf Pflanzenbasis werden 2,8 Kilogramm Treibhausgase freigesetzt,[33] für ein Kilogramm Soja ein Kilogramm und für ein Kilogramm Seitan zwei Kilogramm Emissionen – was aber immer noch deutlich unter den drei Fleischsorten liegt. Der Wasserbedarf für den Anbau von Soja für die menschliche Ernährung ist auch deutlich geringer als der für die Fleischproduktion. Es macht also wirklich Sinn, die Alternativen auszuprobieren. Der neueste Trend ist die Verwendung von Insekten. Insekten glänzen durch einen hohen Proteingehalt, und die Produktion verbraucht deutlich weniger Ressourcen als die Großtierhaltung. Auf ein Kilo Insekten entfallen ein bis 1,5 Kilogramm Treibhausgasemissionen.

Und wie steht es um den geliebten Grillkäse? Für die Herstellung von Kuhmilch entstehen mehr Treibhausgase als in der Produktion anderer Milchsorten. Sojamilch liegt nur beim Energieverbrauch ähnlich wie Kuhmilch und ist damit eine gute Alternative, wenn der Rohstoff in der EU angebaut wurde. Hafermilch schneidet in allen Punkten am besten ab, denn sie kann sogar ein regionales Produkt sein. Mandelmilch hat leider einen kleinen Nachteil, denn der Anbau von Mandeln ist sehr wasserintensiv. Zudem kommen die meisten Mandeln aus Kalifornien, circa 80 Prozent. Der Transportweg ist nicht außer Acht zu lassen. Außerdem werden Mandel oft in Monokulturen angebaut, was auch schlecht für die Umwelt ist. Die CO_2-Emissionen sind im Vergleich zu Kuhmilch dennoch gering. Unter dem nebenstehenden QR-Code erfährst du, wie es mit Reis- und Kokosmilch aussieht.

https://www.youtube.com/watch?v=RG43QzhihL8

Das Klima-optimierte Grillgut

... sieht so aus: An erster Stelle stehen pflanzliche Lebensmittel, nebst pflanzlichen Beilagen wie Salaten, Dips und Baguette; dann ein reduzierter Fleischanteil mit regionalem Bio-Fleisch oder vielleicht sogar Fleischalternativen.

ÜBRIGENS:
KETCHUP IST VEGAN!

Weitere Nachhaltigkeitstipps

In Deutschland legen die Menschen gern Fleisch und Wurst auf den Grill statt Gemüse oder andere Alternativen – allenfalls Grillkäse ist noch beliebt. Doch Nachhaltigkeit beim Grillgut bedeutet mehr als das Zubereiten pflanzlicher Nahrungsmittel, daher hier ein paar Tipps:

- Nur so viel kaufen, wie auch wirklich gegessen wird, sei es am Grillabend oder am Tag danach. Denn das Wegwerfen von Lebensmitteln bedeutet einen hohen Ressourcenverbrauch.
- Öfter mal etwas Neues ausprobieren. Auf dem Markt der pflanzlichen Produkte hat sich in den letzten Jahren viel getan, vor allem geschmacklich. Oder wie wäre es mal mit Maiskolben?
- Dips und Salate, wie Nudel- oder Schichtsalat, einfach mal ohne Fleisch oder Wurst, vielleicht sogar komplett pflanzlich machen. Da fällt das Fleisch- oder Wurstsparen im ersten Moment weniger auf, als mit einem komplett fleischfreien Grill.

AUS SOJAJOGHURT LASSEN SICH LECKERE DIPS HERSTELLEN.

- Bio-Grillgut kaufen. Hier macht es Sinn, auf entsprechende Siegel zu achten.
- Grillgut regional einkaufen.
- Grillgut im Mehrwegbehälter kaufen. An vielen Theken ist das schon möglich.
- Grillgut zu Fuß oder mit dem Rad einkaufen. Einzelne Autofahrten, nur um zum Beispiel Brot zu kaufen, sollte man vermeiden – ein Großeinkauf ist da deutlich nachhaltiger.

Klimaoptimiertes Grillgut

EINKAUFSTIPPS FÜR FLEISCH

Ist Bio-Fleisch wirklich besser für die Umwelt als Fleisch aus konventioneller Produktion? Ja, denn „Bio“ und „Öko“ sind gesetzlich geschützte Begriffe bei Lebensmitteln, was bedeutet, dass gesetzliche Mindeststandards festgelegt sind. Wo „Bio“ drauf steht, ist also auch Bio drin. So sind beispielsweise bestimmte Dünge- und Pflanzenschutzmittel verboten, wie auch Gentechnik.

Es gibt aber Unterschiede zwischen den einzelnen Bio-Siegeln. Demeter, Naturland, Bioland arbeiten, anders als zum Beispiel Aldi, sogar nach noch höheren Standards, als die Europäische Union sie vorgibt. So erlauben sie weniger Tiere pro Hektar. Ein Tier hat also mehr Platz als bei anderen Bio-Siegeln. Konventionelles Futtermittel darf gar nicht oder nur im Ausnahmefall genutzt werden. Die Betriebe müssen komplett ökologisch arbeiten. Wer also Bio-Möhren anbaut, muss auch die Tiere auf dem Hof nach Bio-Verbands-Kriterien halten.

Die Tiere, von denen das Bio-Fleisch stammt, wurden also artgerechter gehalten als die Tiere in der konventionellen Fleischproduktion. Wem beim Fleischgenuss das Tierwohl am Herzen liegt, der sollte sich also für Bio entscheiden, auch wenn es teurer ist als konventionelles Fleisch. Eine Übersicht der Bio-Siegel findest du über den nebenstehenden QR-Code.

https://www.bund.net/massentierhaltung/haltungskennzeichnung/bio-siegel/

Mit Blick auf die Nachhaltigkeit sollte man in jedem Fall auf Fleisch verzichten, das (noch dazu ohne Siegel) aus weit entfernten Ländern eingeflogen wurde. Wildfleisch aus Europa kann eine gute Alternative für nachhaltigeren Fleischgenuss sein.[34] Aber auch wenn es viele nicht hören wollen: Der erste Schritt zu einem nachhaltigeren Fleischkonsum ist und bleibt, weniger davon zu konsumieren.

Infos dazu, ob und wie du Fleisch aus regionaler Produktion erkennen kannst, findest du auf Seite 94.

WER TEURES BIO-FLEISCH KAUFT UND IM GEGENZUG DEN FLEISCHGENUSS HERUNTERSCHRAUBT, DER KONSUMIERT BEWUSSTER. VIELLEICHT IST ES SO MÖGLICH, FLEISCH WIEDER ALS BESONDERES LEBENSMITTEL ANZUSEHEN?

EINKAUFSTIPPS FÜR FISCH UND MEERESFRÜCHTE

Bei Fisch und Meeresfrüchten spielt vor allem die Herkunft eine große Rolle. Denn je nach Fanggebiet unterscheiden sich die Fangart und die Produktionsmethode.

Die Welternährungsorganisation hat die Weltmeere in 19 Fischfanggebiete aufgeteilt. Auf der Verpackung steht dann zum Beispiel: FAO37. Damit sind das Mittelmeer und das Schwarze Meer gemeint. Die einzelnen Fanggebiete sind bei der Europäischen Kommission einsehbar (→ QR-Code).

https://fish-commercial-names.ec.europa.eu/fish-names/fishing-areas_de

Wenn das Fanggebiet bekannt ist, empfiehlt sich ein Blick in den Einkaufsratgeber der Verbraucherzentrale (→ QR-Code). Dort sind die häufigsten Fisch- und Meeresfrüchte nach einem Ampelsystem aufgelistet, das nach Fanggebiet und Fangart klassifiziert, woraus direkt abgelesen werden kann, ob das Produkt zu empfehlen ist oder nicht.

https://www.verbraucherzentrale.de/sites/default/files/2022-04/fischratgeber_2022_web.pdf

Beispiele: Zu empfehlen sind Lachs aus Aquakultur mit Naturland- oder EU-Bio-Siegel sowie Lachs aus Alaska (Nordostpazifik) mit dem MSC-Siegel, der wild gefangen wurde. Weniger zu empfehlen ist Lachs aus Europa nur mit dem „Aquaculture Stewardship Council"-Siegel. Gar nicht zu empfehlen sind Lachs aus Chile sowie Lachs aus dem Nordostpazifik ohne das MSC-Siegel. Pangasius aus Asien mit EU-Bio- oder Naturland-Siegel ist wiederum zu empfehlen.

Ähnlich ist es bei Meeresfrüchten: Scampi aus dem Fanggebiet 27 (Nordostatlantik) sind nicht zu empfehlen, außer sie wurden im Teilgebiet Skagerrak oder Kattegat gefangen.

Es hört sich jetzt erst einmal sehr aufwendig an: die FAO-Nummer auf der Verpackung suchen, dann das Fanggebiet ermitteln und in einem dritten Schritt nachschlagen, ob dieser Fisch empfohlen wird. Es geht leider kaum leichter, denn ein allgemein gültiges vertrauenswürdiges Siegel für nachhaltigen Fisch gibt es noch nicht. Die Siegel der Bio-Verbände sind aber immerhin ein Anhaltspunkt. An der Fischtheke selbst kann man direkt nachfragen.

GRILLKÄSE, TOFU UND FLEISCHERSATZPRODUKTE

Die meisten denken an einen „richtigen“ Burger, wenn sie sich einen Gemüseburger zubereiten, sehen ihn also als Ersatz für das, worauf sie verzichten wollen. Aber warum nicht einmal versuchen, Gemüseburger & Co. nicht als Ersatzprodukte anzusehen, sondern als Möglichkeit, etwas Neues zu entdecken und neue Geschmacksrichtungen kennenzulernen? Tierfreie Fischstäbchen und Burger sind aber wie auch Käse selten verpackungsfrei zu kaufen. Dennoch sind diese Produkte nachhaltiger als Fleisch, Wurst und Fisch und damit eine gute Wahl. Tierfreie Grillwürste sind mittlerweile geschmacklich viel besser als noch vor ein paar Jahren. So gibt es sie auf Basis von Soja, Lupine, Seitan und Erbsen. In Form gebracht werden sie mit Wasser, Öl und teilweise auch Stärke. Also so viel Chemie steckt gar nicht unbedingt drin. Es lohnt sich, einmal einen Blick auf die Inhaltsstoffe zu werfen. Wie bei Tierfleisch gilt auch hier bei vielen Produkten: Der Geschmack kommt durch die Gewürze zustande.

Vor einigen Jahren mussten Fleischersatzprodukte noch in speziellen Läden zu hohen Preisen gekauft werden. Seit den 2020ern bieten verschiedene Marken in ganz Europa vegetarische Produkte rund ums Grillen an. Mittlerweile gibt es unzählige unterschiedliche, und die bekannten Discounter bieten vegetarische und vegane Produkte sogar unter ihren eigenen Logos an. Die liegen preislich nicht viel höher als ihre fleischhaltigen Äquivalente. Selbst bekannte Unternehmen, die aus der reinen Tierproduktion kommen, schwenken um und verkaufen teilweise mittlerweile sogar mehr Veggie-Produkte als Tierprodukte.

Grillkäse

Für die Herstellung von einem Kilogramm Käse werden ungefähr zehn Liter Kuhmilch benötigt.[35] Das sind zehn Getränkekartons! Seit 2022 gibt es auch Grillkäse auf Basis von Mandeln. Der liegt preislich aktuell noch über dem Grillkäse auf Basis von Kuhmilch. Das wird sich hoffentlich noch ändern.

Tofu

Tofu gibt es in den unterschiedlichsten Formen. Zum Start eignet sich Räuchertofu besonders gut. Denn sein rauchiger Geschmack passt gut zum Grillerlebnis.

Veggie-Spieße und -Steaks

... sind ein bisschen die Kür beim tierfreien Grillen. Ein tierfreies Steak, das sich gut grillen lässt und geschmacklich glänzt, ist gar nicht so leicht herzustellen, anders als Spieße.

Veggie-Burger

Von Burgern gibt es mittlerweile mehr Variationen, als an einem Grillabend gegessen werden können: Darunter Fertigprodukte aus der Kühltheke, die direkt auf den Grill gelegt werden können, oder Burger-Granulat zum Anrühren. Man muss einfach ausprobieren, was einem am besten schmeckt. Von der Konsistenz her sind alle gut bissfest. Burger lassen sich auf Basis von roten Bohnen aber auch wunderbar selbst herstellen; sie können nach Belieben gewürzt werden, zum Grillen zum Beispiel auch mit flüssigem Rauch.

WARUM FLEISCHERSATZ-PRODUKTE?

An dieser Stelle taucht vielleicht die Frage auf, warum es überhaupt Steaks, Burger und Grillspieße in vegetarisch und vegan geben muss. Die Antwort ist relativ einfach. Vielen Menschen fällt der Umstieg auf die pflanzliche Ernährung leichter, wenn sie Produkte kaufen können, die genau so gegrillt werden, ähnlich aussehen und schmecken wie das, was sie bereits kennen und lieben. Komplett neue Rezepte und Geschmacksrichtungen sind da schon die größere Herausforderung: Gewohnheiten müssten von Grund auf umgestellt werden.

Die Inhaltsstoffe pflanzlicher Produkte

Grundzutat:	Verwendung oft für:	Herkunft:
Soja	Tofu, Burger, Würstchen	Meist importiert aus USA und Südamerika.
Erbsen bzw. Erbsenprotein aus gelben oder grünen Erbsen	Burger und Bratwurst	Regionale Alternative zu Soja.
Lupine	Bratwurst und Bratlinge	Regional.
Seitan	Burger und Steaks	Besteht aus Weizeneiweiß und kann damit aus der Region kommen.
Grünkern (halbreif geernteter Dinkel)	Grünkernbratlinge	Regional.

#machsnachhaltig

BOHNENBURGER SELBSTMACHEN

1 Dose Kidneybohnen

1 kleine Zwiebel

50 g feine Haferflocken

20 g Mehl (= 2 gestrichene Esslöffel)

etwas Öl

Herstellungszeit: 15 Minuten

Bohnenpatties sind eine köstliche Alternative zu Fleisch. Der Vorteil bei den selbstgemachten Burgern ist, dass sie beliebig gewürzt werden können. Mit etwas Paprika, Rauchöl oder flüssigem Rauch kann ein gutes Aroma entstehen. Außerdem lassen sie sich super einfrieren, auch in größeren Mengen. So ist immer ein kleiner Vorrat zu Hause.

1. Den Inhalt der Dose Bohnen in ein Sieb gießen und abtropfen lassen.
2. Die Zwiebel kleinschneiden.
3. Die Bohnen in einer Schüssel mit einer Gabel zerdrücken. Wer keine Stücke in seinem Burger möchte, kann hierfür auch einen Pürierstab benutzen.
4. Nun die Haferflocken, das Mehl und die Zwiebelstücke dazugeben und die Masse gut verkneten. Bei Bedarf kann nun auch eine Mischung aus verschiedenen Gewürzen und das Öl für eine bessere Konsistenz hinzugefügt werden.
5. Circa drei Esslöffel der Masse jeweils zu einem Burgerpattie formen und auf ein Blech mit Backpapier legen, bis sie auf den Grill kommen. Die Patties sollten mindestens einen Zentimeter dick sein, damit sie beim Grillen nicht kaputt gehen. Auf dem Grill werden sie dann von beiden Seiten je ca. 3 Minuten goldbraun angebraten.

GEMÜSE, VIELSEITIG UND FARBENFROH

Wenn es ums Grillen und Gemüse geht, denken die meisten wahrscheinlich an Gemüsespieße oder einfach Gemüse in Scheiben, das auf den Rost gelegt wird. Aber Gemüse kann auf dem Grill viel mehr.

Weiches Gemüse

... kann direkt auf den Grill. Die einzelnen Gemüse einfach in dünne Scheiben schneiden und auf den Grill legen, Avocado halbieren und mit der Fruchtseite auflegen. Auch Stangenbohnen können sehr lecker schmecken.
Damit das Gemüse nicht am Rost festklebt oder durchrutscht, macht es aber Sinn, sich einen Grillkorb oder eine Grillschale zuzulegen.

Gemüsesorten, die direkt auf den Grill können:

- Aubergine
- Blumenkohl
- Brokkoli
- Champignons
- Fenchel
- Paprika
- Spargel
- Tomate
- Zucchini
- Zwiebel

GEGRILLTER KÜRBIS

Der Herbst schreit eigentlich nach Kürbissuppe, aber für alle, die auch jetzt gern grillen, ist Kürbis eine gute Wahl! Schneide einfach einen Hokkaido-Kürbis in kleine Spalten. Die sollten am äußeren Rand nicht dicker als drei Zentimeter sein, sonst dauert es zu lange, bis sie gar sind. Bestreiche die Spalten nun mit Öl und lege sie dann direkt auf den Grill. Nach circa 15 Minuten sind sie fertig. Nun nur noch mit Salz und Pfeffer würzen, und dann ab auf den Teller! Dazu eignen sich Zucchinischeiben und Blumenkohlröschen.

Feste Gemüsesorten

... sollten vorher gekocht werden. Dann verringert sich die Zeit auf dem Grill. Kohlsorten wie Blumenkohl oder Broccoli können auch direkt auf den Grill gelegt werden. Wenn sie aber lieber weicher gegessen werden, sollten auch sie kurz vorgekocht werden.

Gemüsesorten, die vorgekocht werden sollten:

- Kartoffeln
- Kohlrabi
- Kürbis
- Maiskolben
- Möhren
- Rote Beete

Tipps zum Grillen von Gemüse

Es gibt nur wenige Besonderheiten, die bei Gemüse beachtet werden sollten:

- Bei Gemüse auf dem Grill reicht wirklich oft Salz als Würze und ein wenig Öl aus.
- Auberginenscheiben sollten vor dem Grillen gesalzen werden und circa 20 Minuten liegen, bevor sie auf den Grill kommen.
- Blumenkohl und Broccoli eignen sich zusammen mit Pilzen super für Spieße. Die kleinen Röschen und Scheiben gehen auf dem Spieß auch nicht so schnell im Grill verloren.
- Maiskolben sind ein wahrer Spaß beim Grillen. Die sollten zuvor fünf Minuten gekocht werden. Dann sind sie nach dem Grillen richtig schön weich, und die Körner lassen sich leicht abessen. Maiskolben können gut mariniert werden, schmecken aber auch mit Kräuterdip sehr gut. Da sie abgekühlt mit den Fingern gegessen werden können, sind die auch für Kinder ein Spaß.
- Spargel schmeckt besonders, wenn er geölt und gesalzen wurde, und lässt sich gut in ein Kohlrabiblatt eingewickelt grillen.

VEGANE WIRSINGROULADE

Wer seine Grillparty im Winter plant, für den ist dieses Rezept gut geeignet. Wirsingrouladen sind leicht gemacht und schmecken köstlich!

Du brauchst: 4 Wirsingblätter, 100 g Räuchertofu, 1 kleine Zwiebel, 2 Handvoll klein gewürfelten Kürbis, 2 EL Nussmus, 1 EL Sojasoße, Salz, Pfeffer, 1 EL Haferflocken.

Als Erstes zerdrückst du den Tofu und schneidest die Zwiebeln klein. Mit etwas Öl brätst du alles außer die Wirsingblätter an. Wenn die Kohlblätter sehr hart sind, kannst du sie vorab blanchieren. Sobald sie abgekühlt sind, füllst du sie mit der Masse und rollst sie.

Nach 10 Minuten auf dem Grill sind deine Wirsingrouladen fertig!

FÄCHERKARTOFFELN VOM GRILL

Die Kartoffeln (am besten eignen sich festkochende) gründlich waschen, am besten mit einer Bürste. Danach alle zwei bis vier Millimeter einschneiden, und zwar weiter als bis zur Hälfte. Die Kartoffeln auf eine Grillschale legen, leicht mit Öl bestreichen und gut verteilen. Auf dem heißen Rost müssen sie circa eine Stunde geröstet werden. Sie können noch mit Salz und Pfeffer gewürzt werden.

Regional und saisonal grillen

Welches Gemüse bekommst du wann möglichst regional angebaut? Regionales und saisonales Grillen kann das Grillerlebnis nachhaltiger gestalten, denn so werden lange Transportwege vermieden. Für das Angrillen im Winter wird es vielleicht eine kleine Herausforderung, da hier nur Kartoffeln und diverse Kohlsorten Saison haben. Aber ab dem Frühjahr wird es einfacher, den Grill in bunten Farben erstrahlen zu lassen.

Über den Link **www.ulmer.de/gruener-grillen** oder den nebenstehenden QR-Code kannst du dir den Saisonkalender von Seite 82/83 auch als PDF auf dein Smartphone laden.

Saisonkalender

	Jan.	Feb.	März	Apr.	Mai	Jun.	Jul.	Aug.	Sept.	Okt.	Nov.	Dez.
Artischocke							F	F	F			
Aubergine						F	F	F	F	F		
Blumenkohl					F	F	F	F	F	F		
Brokkoli						F	F	F	F	F	F	
Butternuss-Kürbis	L	L	L						F	F	L	L
Champignon	F	F	F	F	F	F	F	F	F	F	F	F
Chinakohl	F	F	L	L	F	F	F	F	F	F	F	F
Dicke Bohne					F	F	F	F	F	F	F	
Erbse						F	F	F				
Fenchel						F	F	F	F	F		
Frühlingszwiebel					F	F	F	F	F	F		
Grüne Bohne						F	F	F				
Grünkohl	F									F	F	F
Gurke				F	F	F	F	F	F			
Hokkaido-Kürbis	L	L						F	F	F	L	L
Kartoffel	L	L	L	L	L	F	F	F	F	F	L	
Knoblauch	F	F	F			F	F	F	F	F	F	F
Knollensellerie	L	L	L	L	L	F	F	F	F	F	F	F
Kohlrabi					F	F	F	F	F	F		
Kürbis (orange)	L	L	L					F	F	F	F	L
Mairübe					F	F	F					
Mais							F	F	F	F		
Mangold					F	F	F	F	F	F		
Meerrettich	F									F	F	F
Möhre	L	L	L	L	L	L	F	F	F	F	F	L
Pak Choi					F	F	F	F	F	F		
Paprikaschote						F	F	F	F	F		

L= Lagerware, F= Frischware

	Jan.	Feb.	März	Apr.	Mai	Jun.	Jul.	Aug.	Sept.	Okt.	Nov.	Dez.
Pastinake	F	F									F	F
Petersilienwurzel	F	F									F	F
Pfifferling							F	F	F	F		
Porree/Lauch	L	L	L	L	L	L	L	F	F	F	F	F
Radieschen				F	F	F	F	F	F	F		
Rettich	L	L			F	F	F	F	F	F	F	L
Rhabarber				F	F	F	F					
Romanesco					F	F	F	F	F	F		
Rosenkohl	F									F	F	F
Rote Bete	L	L	L						F	F	F	F
Rotkohl	L	L	L	L	F	F	F	F	F	F	F	L
Salatgurke					F	F	F	F				
Schalotte	L	L	L	L	L	L	F	F	F	L	L	L
Schwarzwurzel	F	F								F	F	F
Spargel				F	F	F						
Spinat				F	F	F	F	F	F	F		
Spitzkohl	L	L			F	F	F	F	F	F	L	L
Staudensellerie						F	F	F	F	F		
Steckrübe	F	F									F	F
Steinpilz								F	F	F		
Süßkartoffel									F	F		
Tomate							F	F	F			
Weißkohl	L	L	L	L	L	L	L	L	F	F	F	L
Wirsing	F	F	L	L	L	F	F	F	F	F	F	F
Zucchini						F	F	F	F			
Zucker-/Kaiserschote					F	F						
Zwiebel	L	L	L	L	L	L	F	F	F	F	L	L

DESSERTS

Wirklich unterschätzt beim Grillen sind immer noch Desserts. Dabei bietet der Grill so viele Möglichkeiten für kleine Köstlichkeiten als Nachtisch!

Einfach und gut: Obststücke

Ob Wassermelone, Pfirsich, Ananas oder Birne: in Stücke geschnitten und kurz auf den Grill gelegt – einfach lecker. Sogar Obstspieße sind möglich. Dafür einfach große Stücke der Obstsorten auf den Spieß piksen und für wenige Minuten grillen. Dazu passt dann eine Kugel Eis oder auch Joghurt.

Schnell und klassisch: Marshmallows

Einfach die Marshmallows aufspießen und über den Grill halten, bis sie von allen Seiten leicht braun sind. Durch die Hitze werden sie sehr weich, fast flüssig und zerschmelzen im Mund.

Gut zum Retten: Schokobanane

Du hast noch Bananen zu Hause, die dir zum Essen eigentlich schon zu braun sind? Dann ab damit auf den Grill! Die Bananenschale auf einer Seite einschneiden und ein paar Schokoladenstücke hineinlegen, dann die Banane für einige Minuten auf den Grill legen. Fertig ist deine Schokobanane, wenn die Schokolade komplett geschmolzen ist. Du kannst natürlich auch ganz frische Bananen verwenden, aber etwas ältere sind so schön weich.

Aufwendig, aber unerwartet: Muffins und Kuchen

In einem Gasgrill lassen sich sogar Muffins und Kuchen backen. Auch ein Kugelgrill ist gut, um Backkreationen zu testen. Vieles, was im Backofen backbar ist, funktioniert auch hier. Wenn keine passenden Muffinformen zur Hand sind, tun es auch ausgehöhlte Orangen oder Zitronen – ähnlich wie bei Tassenkuchen.

Nachtisch aus dem Pfännchen

Kleine Pfännchen oder Grillschalen eignen sich auch gut für verschiedene Nachtischkreationen. Hier ein paar leckere Ideen:

- Pfannkuchenteig mit Obst und Schokolade
- Brownies: Wird der Teig nur maximal ein Zentimeter hoch verteilt, geht das auch ohne Kugelgrill.
- In einem geschlossenen Grill ist sogar ein Crumble möglich.
- Bananenscheiben mit Schokolade: Wenn die Schokolade geschmolzen ist, kann noch etwas Sirup oder Likör dazugegeben werden.

#machsnachhaltig

GUT PLANEN HEISST WENIGER WEGWERFEN

6,7 Millionen Tonnen Lebensmittel landen pro Jahr in deutschen Haushalten. Für die Herstellung all dieser Lebensmittel wurden Ressourcen verbraucht: allein 216 Millionen Kubikmeter Wasser. Dazu 43 000 Quadratmeter Fläche.[9] Jedes Lebensmittel, das nicht gegessen wird und stattdessen in den Müll wandert, ist pure Verschwendung. Nicht nur von Ressourcen, sondern auch von Geld.
Gleichzeitig bedeutet ein Grillabend auch oft, dass man mehr isst, als man braucht, sich teilweise „überfrisst". Das ist nicht tragisch, muss aber vielleicht nicht andauernd sein.

Besser planen, weniger entsorgen

Es macht Sinn, vor dem Grillabend genau zu planen, wie viel an Lebensmitteln benötigt wird. Hundertprozentig wird das wahrscheinlich nicht klappen, aber eine bewusste Planung kann dabei helfen, bedarfsgerechter einzukaufen und zu vermeiden, dass später viel weggeworfen wird. Folgende Vorüberlegungen sind hilfreich:

- Wie viele Personen kommen vorbei?
- Wie viele Erwachsene und wie viele Kinder sind unter den Gästen?
- Wer isst grundsätzlich was? Gibt es zum Beispiel Gäste, die kein Fleisch essen? Oder ist Gemüse vielleicht an dem Abend gar nicht gefragt?

Wenn die Fragen beantwortet sind, kannst du leichter abschätzen, wie viel wohl gegessen wird. Der Einkaufszettel ist dann schnell geschrieben.

Nicht verleiten lassen

Wichtig beim Einkauf ist dann, sich nicht zu Spaß- oder Spontan-Käufen verleiten zu lassen. Also orientiere dich genau an deinem Einkaufszettel und achte nicht auf aktuelle Angebote (es sei denn natürlich, es gibt Überschneidungen). Der beste Tipp hier ist auch, nicht hungrig einkaufen zu gehen. Vielleicht kennst du das: Wenn man hungrig einkaufen geht, kauft man meist mehr, als man braucht. Oft sind Großpackungen einzelner Produkte im Angebot. Aber auch hier gilt: Kaufe nur das, was wirklich gegessen wird und auch leicht eingefroren werden kann. Eine 10 kg-Wassermelone im Angebot ist natürlich schön günstig – aber für einen Grillabend mit vier Personen wahrscheinlich zu viel. Leider kann sie auch nicht einfach eingefroren werden. Dann ist es schwer zu vermeiden, dass etwas davon im Müll landet.

Wenn du etwas Neues ausprobieren willst, macht es auch Sinn, erst einmal zu Hause zu schauen, ob vielleicht etwas dafür genutzt werden kann. Eignen sich zum Beispiel die Raclettepfännchen, die du schon hast, auch zum Grillen? Dann brauchst du vielleicht keine neue Grillschale.

Vorausschauend einkaufen

Ein paar Dinge sollten in der Grillsaison immer zu Hause sein, damit man nicht vor einem Grillabend extra dafür noch einmal losgehen muss. Beim Einkauf macht es daher Sinn, auf das Mindesthaltbarkeitsdatum zu achten oder Produkte zu wählen, die sich auch einfrieren lassen, wie Fleisch, Fisch und auch viele tierfreie Produkte.

Essen richtig lagern

Es gibt Lebensmittel, die sich zu Hause gut lagern lassen, wie Kartoffeln oder Zwiebeln. So kann auch spontan ohne viel Vorbereitung gegrillt werden. Bei richtiger Lagerung hält sich Gemüse länger.

Reste kreativ weiterverwerten

Hier ein paar Ideen:

- Zu viele Kartoffeln gegrillt? Sie können am nächsten Tag noch gut gegessen werden, zum Beispiel weiterverarbeitet zu Kartoffelsalat.
- Aus Grillgemüse lassen sich köstliche Frühstücks-Sandwiches oder Bagels kreieren.
- Ein grüner Salat ist auch eine gute Idee, um Gemüse aufzubrauchen.
- Oder man toppt Klassiker wie Nudel- und Linsensalat mit dem Grillgemüse.
- Steht morgen ein Fernsehabend an? Dann kannst du das übrige Gemüse und Reste von Käse als Antipasti-Platte herrichten.
- Aus Würstchen können Hot Dogs werden.
- Fladenbrot kann am nächsten Tag als Teigtasche für das gebratene Gemüse mit Zaziki herhalten.
- Andere Brotsorten eignen sich gut für Bruschetta oder Brotchips.

EIN PROBLEM: BROT

Kräuterbutterbaguettes oder Fladenbrote, die auf dem Grill erwärmt wurden, können am nächsten Tag sehr trocken und hart sein. Hier solltest du also weiter vorne ansetzen und wirklich nur ein Baguette auf den Grill legen, wenn das erste bereits aufgegessen ist. Frag lieber die Gäste, ob noch mehr Brot gewünscht wird, bevor du eines auflegst.

Reste richtig lagern

- Fleisch: Selbst gegrilltes Fleisch kann für ein paar Wochen eingefroren werden, wenn du es nicht am nächsten Tag schon zum Salat essen willst. Das Grillgut sollte aber wirklich gut durchgegrillt und danach schnellstmöglich in den Kühlschrank gelegt werden.
- Brot: Das Ende von abgeschnittenem Brot wird am besten in Wachspapier gewickelt. Brot und andere Backwaren einfrieren geht auch sehr gut im Baumwollbeutel. Dafür müssen nicht extra Beutel aus Plastik genutzt werden.
- Für Gemüsereste eignen sich sehr gut verschließbare Dosen. Sie können aus Edelstahl sein, müssen es aber nicht. Am nachhaltigsten ist, das zu verwenden, was bereits zu Hause ist. Auch Schraubgläser sind eine gute Möglichkeit. Vor allem auch, um Salatreste aufzubewahren. Als Abdeckung für Schüsseln können einfach umgedrehte Teller genutzt werden.

Teilen statt wegwerfen

Das hört sich vielleicht erst einmal komisch an, kann aber auch verbinden. Vielleicht freuen sich die Nachbarn über ein leckeres ungeplantes Stück Grillgut. Nachfragen macht immer Sinn. Außerdem gibt es lokale Gruppen bei Facebook. Hier einfach nach „Foodsharing" und dem entsprechenden Ort suchen. Der eigene WhatsApp-Status könnte auch genutzt werden. Nicht nur zum Teilen der Reste, sondern auch als Aufruf: „Wir grillen gerade und haben einfach zu viel hier. Wer will spontan vorbeikommen und beim Aufessen helfen?"

Du willst mehr tun?

Bei all den Tipps rund um das Aufbrauchen von Lebensmitteln kann schnell der Eindruck entstehen, dass gar nichts mehr weggeworfen werden darf. Viel wichtiger ist aber, dass wir Lebensmittel wieder wertschätzen und im Vorfeld mehr tun, wie geplant einkaufen, uns nicht verleiten lassen. Sicherlich sollten nicht nach jedem Grillen fünf Kilo Brot oder andere Lebensmittel im Müll landen.
Wer mehr gegen die Lebensmittelverschwendung tun will, kann das zum Beispiel über den Verein „Foodsharing" tun. Dort kann man ehrenamtlich Foodsaver*in werden und bei Geschäften offiziell und legal Lebensmittel retten. Es lohnt sich auch, Unternehmen wie „The Good Food", „Sirplus" oder „Motatos" zu unterstützen oder im Bauernladen vor Ort einzukaufen, wo auch krummes Gemüse und Obst verkauft wird, das für den Supermarkt vielleicht aussortiert würde.

DIE GRÜNE GRILLPARTY

Gemeinsam am Tisch sitzen, auf dem Balkon oder im Garten, sich unterhalten, lachen und einfach beisammen sein: Grillen ist immer ein guter Anlass, sich zu treffen. Da dürfen die passenden Getränke, Beilagen und Dips genauswenig fehlen wie eine schöne Deko und ein guter Mückenschutz. Einiges davon lässt sich selbst machen und ist ein wahres Upcycling-Wunder. Nachhaltigkeit sollte jedenfalls auch hier das Ziel sein!

SCHNELLE UND GUTE BEILAGEN

Für manch einen sind die Beilagen sogar das Beste am Grillen: Brot mit Dip, Kartoffeln und Salate. So ist das auch bei mir. Ich habe mich schon an allem satt gegessen, bevor die erste Wurst auf dem Grill fertig ist. Vor allem beim Salat ist Nachhaltigkeit ein Thema, denn hier heißt es: saisonal und regional einkaufen! Denn regional und saisonal zu essen kann ein wertvoller Beitrag sein, um nachhaltiger zu leben.

Über den Link **www.ulmer.de/gruener-grillen** oder den nebenstehenden QR-Code kannst du dir diesen Saisonkalender auch als PDF auf dein Smartphone laden.

Welcher Salat hat wann Saison?

Kartoffeln gibt's das ganze Jahr über, aber zum Glück hat tatsächlich jeden Monat im Jahr auch irgendein Salat gerade Saison:

Saisonkalender Salat

	Jan.	Feb.	März	Apr.	Mai	Jun.	Jul.	Aug.	Sept.	Okt.	Nov.	Dez.
Chicorée	F	F	F	F						F	F	F
Feldsalat	F	F	F	F						F	F	F
Kopfsalat					F	F	F	F	F	F		
Lolo Rosso					F	F	F	F	F	F		
Portulak	F	F	F	F			F	F	F	F	F	F
Radicchio	L	L						F	F	F	F	L
Rucola				F	F	F	F	F	F			

L=Lagerware, F=Frischware

LEIDER IST ES NICHT MÖGLICH, SICH KOMPLETT REGIONAL UND SAISONAL ZU ERNÄHREN. ZIEL SOLLTE ABER SEIN, HIER MÖGLICHST WENIGE ABSTRICHE ZU MACHEN.

Regional einkaufen

Achte beim Einkaufen einfach darauf, dass das Produkt deiner Wahl auch aus deiner Region kommt und somit keine weiten Transportwege hinter sich hat. Noch „regionaler" geht's eigentlich nur zu Hause: Wer Platz auf dem Balkon oder im Garten hat, kann ein kleines Pflücksalatbeet anlegen. Wenn du nur wenig grünen Salat isst, reicht das aus, und das Anbauen und vor allem das Ernten macht auch noch Spaß. Auch Feldsalat und klassischer Gartensalat sind denkbar und wachsen gut.

SOMMERSALAT-IDEEN

Im Sommer hat fast jeder grüne Salat Saison. Eine Salatkreation muss nicht immer aufwendig sein. Ein paar Tomaten, Salatblätter, Gurkenscheiben und dazu vielleicht Oliven und eine Vinaigrette reichen vielleicht schon aus. Aber egal, für welche Zusammensetzung du dich entscheidest, probiere mal Folgendes aus: Lege ein paar Scheiben Obst deiner Wahl wie Pfirsich oder Birne kurz auf den Grill und gib sie danach auf deinen Salat. Das kann eine wahre Geschmacksbombe sein.

Salat-Lifehacks

Nudelsalat, Tortellinisalat, Reissalat, Linsensalat: Das sind die Klassiker beim Grillen. Gleichzeitig eignen sie sich auch perfekt als Meal Prep. Das heißt, wenn du sowieso Nudelsalat zum Grillen machst, kannst du eine Portion direkt für den nächsten Tag in ein gut verschließbares Glas packen. Das Dressing dann am besten extra. Es kann auch Sinn machen, den Salat in einem solchen verschließbaren Behälter beim Grillen anzubieten, statt in einer Schüssel. Dann ist er schneller im Kühlschrank verstaut, wenn nicht alles gegessen wurde, und man muss nicht mehrere Geschirrteile benutzen. Auch Schichtsalat lässt sich gut im Glas vorbereiten: Wenn das Dressing als Erstes hineingegeben wird, bleibt der Salat so lange knackig; vor dem Servieren das Glas dann einfach umdrehen!

Hast du schon einmal probiert, kleingeschnittene Äpfel und ein wenig von dem Wasser aus einem Saure-Gurken-Glas in den Kartoffelsalat zu geben? Probier es einmal aus – es schmeckt wirklich köstlich!

#machsnachhaltig

10 TIPPS, UM REGIONALE PRODUKTE ZU ERKENNEN

Es scheint eine unlösbare Aufgabe zu sein, beim Einkauf zu erkennen, was wirklich ein regionales Produkt ist. Aussortiert ist schnell, wenn man im Kopf hat, was gerade ohnehin nicht Saison hat. Leichter ist es in einem Laden, in dem nur selbstgezogene Ware verkauft wird, also keine langen Lieferketten dahinterstehen. Manchmal verbirgt sich die Herkunft eines Lebensmittels auch hinter kryptischen Codes. Das alles beim kurzen Einkauf zwischendurch zu berücksichtigen ist ein Kraftakt. Aber mit ein paar einfachen Tricks lässt er sich gut meistern.

Das bedeutet der Code auf dem Ei

Beim Eiercode, der direkt auf das Ei gedruckt ist, folgt hinter dem Länderkürzel (DE) das Bundesland. Steht zum Beispiel hinter „0-DE“ die Zahlenfolge „-05xxxxx“, dann bezeichnet „05“ das Bundesland Nordrhein-Westfalen.

- 01 = Schleswig-Holstein
- 02 = Hamburg
- 03 = Niedersachsen
- 04 = Bremen
- 05 = Nordrhein-Westfalen
- 06 = Hessen
- 07 = Rheinland-Pfalz
- 08 = Baden-Württemberg
- 09 = Bayern
- 10 = Saarland
- 11 = Berlin
- 12 = Brandenburg
- 13 = Mecklenburg-Vorpommern
- 14 = Sachsen
- 15 = Sachsen-Anhalt
- 16 = Thüringen

Das Etikett bei Fleisch

Bei Rindfleisch muss die Herkunft auf dem Etikett stehen – wenn es nicht verarbeitet wurde. Das heißt, dass du bei einem Rindersteak leicht erkennst, wo die Tiere gelebt haben und wo sie geschlachtet wurden. Das Problem: Bei verarbeitetem Fleisch muss dies nicht zwingend angegeben werden, und auch nicht bei anderen Fleischsorten.

Die Herkunft von Gemüse erkennen

Auf dem Etikett von frischem Gemüse steht das erzeugende Unternehmen mit Adresse. Auch hier gibt es allerdings Ausnahmen: Bei Oliven und getrockneten Kräutern muss es nicht zwingend angegeben werden.

Die Herkunft von Obst erkennen

Auch hier findest du die Angabe auf dem Etikett, außer bei Trockenobst, wo sie nicht zwingend ist. Nicht alle Obstsorten sind aus regionaler Produktion zu bekommen, sodass du für dich entscheiden musst, ob du darauf verzichten kannst oder ob es für dich okay ist, dass sie einen weiten Weg hinter sich haben. Aber auch hier gibt es Unterschiede: So kann zum Beispiel eine Wassermelone im Sommer aus der Türkei kommen, aber auch aus China.

Getreide und Nudeln

Auf dem Etikett wirst du nur folgende Hinweise finden: „Abgepackt in …" und/oder „Hergestellt von …". „Abgepackt in …" heißt, dass es dort verpackt wurde. Und „Hergestellt von …" zeigt, wer das Produkt verarbeitet hat, nicht, wo die Rohstoffe angebaut wurden. Einige Getreidesorten werden in Deutschland gezogen. Teilweise deckt der Anbau aber nicht den Bedarf: Es wird weniger angebaut, als gegessen/verfüttert wird. Daher muss beispielsweise Hartweizen für Nudeln aus Kanada, Italien oder Frankreich importiert werden. Hier müsstest du auf den Webseiten der herstellenden Unternehmen nachsehen, wo die Rohstoffe genau herkommen, und hoffen, dass dort etwas steht, dem du glauben kannst.[5]

DIPS UND SOßEN

Gute Dips und Soßen dürfen beim Grillen genauso wenig fehlen wie leckere Beilagen. Bestenfalls sind sie auch noch relativ schnell gemacht und halten sich länger als einen Tag – denn schließlich ist morgen Resteessen angesagt.

BÄRLAUCHDIP-REZEPT

Der Bärlauch mit seinem leichten Knoblauchgeschmack eignet sich perfekt für einen Dip. Er hat im Frühling Saison. Du musst nur 50 g Bärlauch sehr klein schneiden und dann mit einer Packung veganem Frischkäse mischen. Dann ein bisschen Salz und Pfeffer und bei Bedarf ein bisschen Öl hinzugeben. Am besten schmeckt der Dip, wenn er wenige Stunden durchziehen konnte. Er hält sich auf jeden Fall auch noch ein bis zwei Tage nach dem Grillabend. Wenn es etwas mehr sein soll, schmeckt ein Bärlauch-Hummus-Dip auch sehr gut.

Überraschend einfach: Aioli

Aioli ist ein Klassiker beim Grillen. Sie scheint sehr aufwendig in der Herstellung, tatsächlich reichen aber vier Zutaten aus, um eine gute Aioli selbst zu machen. Der Vorteil gegenüber gekauften Produkten ist, dass Verpackungsmüll gespart wird und auch Geld: Die selbstgemachte Aioli kostet deutlich weniger als einen Euro. Auch sieht sie, abgefüllt in ein eigenes Gläschen, vielleicht schöner aus als ihre Konkurrentin in einer Plastikpackung.

AIOLI-REZEPT

Zutaten: 1 Knoblauchzehe, 2 TL Saft einer Zitrone, 220 ml Sojadrink, 350 ml geschmacksneutrales Öl (gern regionales). Salz und Pfeffer nach Geschmack. Diese Mengen ergeben ziemlich viel Aioli; für einen Test können sie problemlos halbiert werden.

Zuerst mixe die Knoblauchzehe mit dem Zitronensaft – das geht mit einem Pürierstab oder einem Mixer – und lass während des Mixvorgangs den Sojadrink im Wechseln mit dem Öl hineinlaufen. Manchmal geht es ganz schnell, manchmal braucht es ein paar Minuten, bis die Aioli fest wird. Wenn du lieber Mayo magst, lass einfach den Knoblauch weg. So einfach ist das!

Ketchup und Grillsoßen

Achte mal beim Kauf von Grillsoßen auf die Inhaltsstoffe! Sie werden in der Reihenfolge ihres Gewichtsanteils – von viel nach wenig – auf der Verpackung angegeben. Du wirst feststellen, dass bei vielen Soßen der Hauptbestandteil Wasser ist. Und dass es nur wenige Ketchup-Marken gibt, in denen nur wenig Zucker enthalten ist.

Um zu vermeiden, dass alte Grillsoßen in deinem Kühlschrank verschimmeln, solltest du genau überlegen, wie viele verschiedene du bei deiner Party anbieten willst und welche du anschließend noch selbst aufbrauchen würdest. Drei bis vier Soße sollten für den Grillgenuss auf jeden Fall ausreichen und jeden Geschmack bedienen.

AUCH KETCHUP LÄSST SICH RELATIV EINFACH SELBST HERSTELLEN! FÜR 4 PORTIONEN EINFACH 1 KG TOMATEN MIT 3 KLEIN GESCHNITTENEN ZWIEBELN, 2 EL ZUCKER, ¼ TL SALZ, 1 TL SENF UND 60 ML APFELESSIG BEI MITTLERER HITZE CA. 20 MINUTEN WEICHKOCHEN, PÜRIEREN UND DANN NOCHMAL CA. 15 MINUTEN KÖCHELN LASSEN.

Woraus wird Ketchup gemacht?

GETRÄNKE

Ist Leitungswasser besser als gekauftes Wasser? Sollte ich Bier lieber kaufen oder doch besser selbstmachen? Welches Getränk ist nachhaltig? Kann man eigentlich Eistee richtig lecker selbst herstellen? Im Folgenden ein paar Empfehlungen.

Selbstmachen oder kaufen?

Leitungswasser kann als Basis für viele selbstgemachte Getränke dienen, wie Zitronen-Limonade, Eistee oder Infused Water. Es hat nicht nur den Vorteil, dass es komplett unverpackt daherkommt und nicht mit dem Auto transportiert werden muss, es ist auch noch sehr günstig.
Getränke wie Bier sind da schon schwieriger selbst herzustellen. Wer hier auf Nachhaltigkeit achten will, sollte regionale Produkte in Mehrwegflaschen kaufen. Es gibt auch eine gute Auswahl an Bio-Bieren.

Infused Water

Infused Water, also Wasser mit ein paar Obstscheiben oder Gemüsestücken mit Kräutern, ist leicht gemacht, sieht nett aus und schmeckt immer gut. Der Vorteil ist auch, dass es ohne Zucker auskommt und damit eine gesunde Erfrischung ist. Der Klassiker ist Infused Water aus Zitrone und Ingwer: Eine Zitrone und ein drei Zentimeter dickes Stück Ingwer reichen für einen Liter Wasser. Auch Gurke und Minze sind eine leckere Kombination.
Wichtig ist, dass du das Obst oder Gemüse ein bis zwei Stunden vor dem Verzehr in das Wasser legst, damit es auch Geschmack abgeben kann.

Eistee

... ist auch schnell selbst hergestellt. Einfach Tee aufbrühen und abkühlen lassen. Manche Sorten schmecken schon ein wenig süßlich. Gut geeignet ist aber Schwarzer Tee. Geschmack gibst du dann mit einer ausgepressten Zitrone dazu. Zum Süßen solltest du auf einen Liter 20 Gramm Zucker oder Agavendicksaft geben.

Zitronenlimonade

Presse zwei Zitronen aus und gib den Saft in 100 Milliliter Wasser. Füge 50 Gramm Zucker hinzu (oder je nach Geschmack eben weniger oder mehr). Hat sich der Zucker aufgelöst, füllst du das Gemisch mit einem Liter Sprudelwasser auf.

BEI SELBST GEMACHTEN GETRÄNKEN SIND DEINER FANTASIE KEINE GRENZEN GESETZT. TRAU DICH RUHIG, VERSCHIEDENE KOMBINATIONEN AUSZUPROBIEREN!

#machsnachhaltig

GLAS ODER PLASTIK?

Was ist eigentlich besser für die Umwelt: Mehrwegglas oder Einwegplastik? Macht Eistee im Getränkekarton Sinn oder wäre Mehrweg besser? Ist es sinnvoll, Plastikflaschen aus 100 Prozent recyceltem Material zu kaufen? Es gibt so viele Getränkeverpackungen, dabei ist die Antwort so einfach!

Mehrweg- oder Einwegglas?

Glas wird oft als besonders nachhaltig und mit „zero waste" beworben, obwohl seine Herstellung ungeheuer energieintensiv ist und gerade Einwegglas viele Ressourcen in der Entsorgung verbraucht. Getränke im Einwegglas sind solche, bei denen das Glas nach dem Genuss in den Glascontainer kommt und nicht zur Pfandstation. Sie sind nicht zu empfehlen. Sinnvoller ist auf jeden Fall Mehrwegglas. Mehrwegglas ist das, was nachher an Pfandautomaten wieder abgegeben werden kannn.

Auch manche Mehrweg-Glasflaschen sind aber problematisch: Wenn sie eine ausgefallene Optik haben, wie oft bei importiertem Bier, dann können sie nicht von allen Brauereien wiederbefüllt werden. Außerdem haben sie oft weite Transportwege hinter sich.

Mehrweg- oder Einweg-Plastikflasche?

Auch bei Plastikflaschen ist die Mehrwegvariante natürlich sinnvoller als die Einwegversion! Mehrwegflaschen aus Plastik sind die, die sich nicht einfach zerknicken lassen. Für sie gibt es 8 oder 15 Cent Pfand zurück. Sie können mehrfach befüllt und somit wiedergenutzt werden und im Kreislauf bleiben. Die Flaschen, die für 25 Cent am Automaten abgegeben werden, sind Einweg-Plastikflaschen – sie sind weniger zu empfehlen, da sie nicht wiederbefüllt werden.3 Man hört es vielleicht schon, wenn man am Pfandautomaten steht: Die Flaschen werden direkt hinter dem Automaten zusammengepresst und müssen zu neuen Dingen recycelt werden. Ähnliches gilt für Getränkekartons, die quasi für den Müll hergestellt werden.

WIE DU DEINE GETRÄNKE AUSWÄHLEN SOLLTEST:

1. Wasser aus dem Hahn
2. Mehrweg besser als Einweg
3. Mehrweg am besten aus der Region

GESCHIRR, BESTECK & CO.

Gerade unterwegs scheint es oft einfacher, Pappteller und Holzbesteck anzubieten (Einmalbesteck aus Plastik wird seit 2021 in der EU nicht mehr verkauft). Dabei ist Holzbesteck kaum geeignet, um damit zu schneiden – da bleibt der eine oder andere Zinken schon mal im Grillgut stecken. Ein weiterer großer Nachteil liegt auf der Hand: Diese Dinge wurden ebenfalls hergestellt, um nur einmal genutzt zu werden, und landen danach im Müll. Gleiches gilt für Trinkhalme aus Papier.

Alternativen zu Papier-Trinkhalmen

Sind wir mal ehrlich: Es macht Sinn, weniger Plastik in die Umwelt zu bringen. Es macht auch Sinn, dass manche Dinge reguliert werden. Allerdings sind manche Alternativen nicht so praktikabel wie das „Original“, so auch Papier-Trinkhalme. Für ein schnelles Getränk sind sie ausreichend. Aber für einen Cocktail oder Longdrink, der eher langsamer getrunken wird, eher nicht. Und zum Wiederverwenden schon gar nicht. Hier macht es Sinn, auf Alternativen zurückzugreifen, wie Makkaronis, waschbare Trinkhalme aus Silikon oder Varianten aus Edelstahl, die es in unterschiedlichen Längen gibt – für kleine, mittlere und ganz große Gläser. Glas sieht vielleicht schöner aus, hat aber den Nachteil, dass es schneller kaputt geht.

Auch bei Alternativen, die keinen Müll verursachen, sollte darauf geachtet werden, dass sie möglichst lange benutzt werden.

Die „Bring your own stuff“-Party

Zu Hause ist es meist kein Problem, waschbare Utensilien zu verwenden (ein Hoch auf die Spülmaschine!). Bei der Abschiedsfeier im Kindergarten, dem Grillfest im Verein oder einer Geburtstagsparty im Park sieht das schon anders aus. Da bietet sich eine „Bring your own stuff“-Party an. Das heißt, Essen und Getränke werden gestellt, aber Teller, Glas und Besteck bringen sich alle selbst mit. Das hat zum einen den Vorteil, dass kaum Müll anfällt, zum anderen, dass alle nur wenige Geschirr- und Besteckteile mitbringen müssen und nicht eine Person ganze Kisten voll.

Ausleihen statt schleppen

Je nach Wohnort ist es auch möglich, Geschirr zu leihen oder beim Getränkehandel die Gläser. Bei größeren Events kann man bei Anbietern wie „Vytal“ oder „Rebowl“ nach einer Kooperation fragen. Die haben sich auf Mehrwegbehälter für zubereitetes Essen spezialisiert.

Leichtes Mehrweggeschirr

Alternativ bietet es sich an, Geschirr und Besteck aus stabilem Plastik zu kaufen. Das kann öfters verwendet und zu Hause in der Spülmaschine gereinigt werden. Zum Transport kann man es beispielsweise in ein Handtuch einschlagen.

Es gibt aber auch ein großes Angebot an Plastik-Alternativen, wie Teller aus Bananen- oder Palmblättern. Leider sind viele dieser Alternativen zehnmal teurer als die altbekannten Pappteller. Der Vorteil ist, dass hier ein Rohstoff genutzt wird, der sowieso bei der Ernte anfällt und so noch weiter genutzt werden kann. Aber die Vorstellung, dass ein Bananenblatt aus Peru extra den weiten Weg nach Europa antritt, damit hier ein Stück Grillgut draufgelegt und gegessen wird und es danach im Müll landet, ist schon eigenartig. Besser wären da Pappteller aus recyceltem Papier und natürlich waschbare Alternativen, die mehrfach verwendet werden können!

ODER WIE WÄRE EINE GRILLPARTY NUR MIT FINGERFOOD? DANN GINGE ES AUCH FAST GANZ OHNE BESTECK UND GESCHIRR!

Gläser upcyceln

Wer sagt denn, dass alle Trinkgläser auf der Tafel gleich aussehen müssen? Alte Gläser, die sonst im Container gelandet wären, lassen sich prima als Trinkgläser wiederverwenden, sofern sie nicht beschädigt sind. Beschriftet werden können sie mit bunten Stiften, die auf Glas malen.

Alternativ kannst du auch Kräutermischungen oder selbstgemachtes Kräutersalz darin abfüllen. Vorher kannst du die Gläser mit Kreidefarbe anmalen. Oder wie wäre es, wenn du den Nachtisch einfach in wiederverwendeten Schraubgläsern servierst?

AUFGEDRUCKTE WEIßE SCHRIFT AUF GLÄSERN LÄSST SICH MIT ESSIGESSENZ UND EINEM SCHARFEN MESSERCHEN ODER STAHLWOLLE ENTFERNEN. ETIKETTEN LASSEN SICH OFT MIT WARMEM WASSER LÖSEN. WENN DAS NICHT GEHT, DANN MIT ÖL EINREIBEN ODER ÖL AUF DIE KLEBESTELLE TRÄUFELN.

SERVIETTEN & CO.: STIL STATT MÜLL!

Gerade wenn es Fingerfood oder sehr fettige und tropfende Speisen gibt, müssen Servietten her. Das Supermarkt-Angebot reicht von einfarbigen Papierservietten über Varianten mit Blumendruck bis zu solchen mit Figuren aus Kinofilmen, Fernsehen & Co. Allein in Deutschland wurden 2023 circa 1 700 000 000 Euro Umsatz mit Haushaltspapieren gemacht. Darunter fallen nicht nur Servietten, aber sie sind ein Teil davon. Küchenrolle ist aus den meisten Haushalten nicht mehr wegzudenken. Zwar besteht sie oft aus recyceltem und recycelbarem Papier, da sie aber oft über den Restmüll entsorgt wird, wird sie einfach nur verbrannt. Dabei benötigt die Herstellung viel Wasser: Mehr, als die Waschmaschine braucht, um einen Lappen aus Baumwolle zu waschen.

Alternativen aus Stoff

... sind wasch- und damit wiederverwendbar. Ein weiterer Vorteil kann sein, dass sie viel schöner und stilvoller aussehen als ihre Schwestern aus Papier. Du kannst genau den Stoff verwenden, der dir besonders gut gefällt. Natürlich lassen sich auch Servietten aus alten Hemden oder Shirts nähen.

ANLEITUNG FÜR EINE SERVIETTE

Der Stoff sollte 42 × 42 Zentimeter groß sein. Davon ist 1 Zentimeter an jedem Rand die Nahtzugabe. Zuerst solltest du den Stoff bügeln, dabei wird die Nahtzugabe direkt umgeklappt und mitgebügelt. Danach steckst du die umgeschlagenen Ränder mit ein paar Stecknadeln fest und vernähst sie dann. Wer besonders schöne Servietten herstellen will, kann noch einen Saum darannähen.

ALTERNATIVE OHNE NÄHEN

Ein altes Shirt eignet sich auch super als Serviette. Daraus circa 30 × 30 Zentimeter große Stück schneiden. Der Vorteil von T-Shirt-Baumwollstoff ist, dass er kaum ausfranst. Um die Serviette zu verschönern, kannst du eine kleine Blume oder eine Grillzange aufsticken – dafür musst du kein Stickprofi sein. Unter dem nebenstehenden QR-Code zeige ich dir in 60 Sekunden, wie Sticken geht!

https://www.instagram.com/reel/Cb7ztLOgdSn/

Es hält sich teilweise noch das Gerücht, dass zum Waschen von Stoffservietten, Stoffhandtüchern oder Putzlappen sehr viel Wasser benötigt wird, sodass der Einsatz von Wegwerfprodukten sinnvoller wäre. Das stimmt nicht! Das Waschen von wiederverwendbaren Produkten verbraucht in der Regel deutlich weniger Wasser als die Herstellung neuer Einmalprodukte: Für die Herstellung einer Rolle Frischfaser-Klopapier werden 50 Liter Wasser benötigt, bei Recycling-Papier sind es 20 Liter.[4] Ein Maschinenwaschgang braucht im Durchschnitt 49 Liter – aber es wird ja nicht eine Serviette allein gewaschen. Wenn du die Waschmaschine für jeden Waschgang ganz vollpackst, ist der Wasserverbrauch auf ein Textil gesehen nicht hoch.

Stoffservietten kaufen

Bevor du Stoffservietten kaufst, frag in der Familie nach, ob jemand welche hat. Manchmal lagern so einige Schätze in Kellern. Sogar gebraucht bei „Kleinanzeigen“ oder „Vinted“ sind sie zu finden. Du musst entscheiden, ob du gerne welche aus Baumwolle oder aus Leinen haben willst. Leinen hat den Vorteil, dass du es nicht bügeln musst, wenn du es nach dem Waschen möglichst gerade aufhängst. Es sieht dann zwar ein wenig gekringelt aus, aber dennoch schön.

Die richtige Grillschürze

Eine Grillschürze ist für Vielgriller ein Muss. Denn sie schützt die Kleidung vor Fettspritzern und anderen Flecken. Es gibt sogar richtig stylische Latzschürzen oder welche mit lustigen Sprüchen. Eine Variante aus Leder schützt dich zudem vor scharfen Gegenständen und Hitze. Damit sie aber lange hält, muss sie gut gepflegt werden, und das braucht Zeit. Grillschürzen aus Baumwolle sind relativ günstig zu kaufen und können einfach in die Waschmaschine gegeben werden. Vorteil ist hier auch, dass sie sich gut an die Körperform anpassen und du an ihnen auch deine Hände abtrocknen kannst.
Vor dem Kauf solltest du also genau überlegen, welche Grillschürze für deine Bedürfnisse sinnvoll ist. Oder warum nicht beispielsweise aus einer alten Jeans selbst eine Schürze nähen? Definitiv wäre das die nachhaltigste Option!

#machsnachhaltig

VEGANES WACHSPAPIER HERSTELLEN

20 × 20 cm Stoff, am besten Baumwolle

20 g Carnaubawachs

2 × Backpapier

Bügeleisen

Herstellungszeit: 15 Minuten

Wachspapier eignet sich ideal zum Aufbewahren von Brot. Darin eingeschlagen, bleibt es eine Weile frisch und fluffig. Unsere Variante kommt ganz ohne Bienenwachs aus. Carnaubawachs ist fester als Bienenwachs. Wenn du dein Papier aber lieber mit Bienenwachs machst, sind die Angaben ungefähr gleich. Spaß macht es, hier ein bisschen zu experimentieren: Nimmst du mehr Wachs, können sie härter sein, weniger Wachs macht sie weicher.

1. Schmelze das Wachs in einem Wasserbad.
2. Lege das Stück Stoff auf ein Backpapierblatt.
3. Verteile nun das geschmolzene Wachs auf den Stoff, evtl. mit einem Backpinsel. Du musst dich beeilen, denn das Wachs wird schnell hart.
4. Lege dann das zweite Backpapierblatt darauf und bügele so lange darüber, bis sich das Wachs gut verteilt hat. Ist nicht die ganze Fläche bedeckt, ist das nicht schlimm. Zum Einschlagen genügt es allemal. Aber Vorsicht: Bügele auf einer geeigneten Unterlage, denn die Hitze durch das Bügeleisen kann hoch sein und Schäden verursachen!
5. Nun muss das Wachstuch nur noch erkalten, dann kann man das Backpapier abziehen und ist es einsatzbereit.

BLUMEN-DEKO

Die Deko macht den Garten, die Terrasse und das Grillfest zu etwas wirklich Schönem und Besonderem. Ein gedeckter Tisch kann mit ein paar Blumen und Kerzen (dazu siehe das nächste Kapitel) direkt viel freundlicher aussehen.

Wie nachhaltig sind Schnittblumen?

Um zu erkennen, wie nachhaltig eine Blume ist, müssen fünf Dinge berücksichtigt werden:

- Wie viel Wasser wurde für den Anbau verbraucht?
- Welche Pestizide kamen zum Einsatz?
- Wie viel Energie wurde aufgewendet?
- Wie lang ist der Transportweg, den die Pflanze hinter sich hat?
- Unter welchen Arbeitsbedingungen wurde sie angebaut und transportiert?

Der Anbau von Schnittblumen braucht eine Menge Ressourcen. Viele Rosen kommen aus Kenia und haben damit weite Wege hinter sich. Pestizide können die Böden und vor allem die arbeitenden Menschen belasten.[1]

Selbstpflücken ist die Devise!

Es liegt also nahe, dass die Blumen zum Selbstpflücken auf dem Feld um die Ecke weit vorne liegen, was Nachhaltigkeit angeht. Denn der Transportweg ist hier sehr gering, und auch die Arbeitsbedingungen sind wahrscheinlich besser.

Der eigene Garten schlägt natürlich alles! Denn hier weißt du genau, wer die Blumen versorgt hat, wie viel Wasser genutzt wurde, und vor allem, dass keine Pestizide oder elektrisch betriebene Gewächshäuser mit im Spiel waren. Selbst Gänseblümchen in kleinen Gläsern oder als Kranz können eine wunderschöne, zarte Deko sein. Auch als Schwimmblüten eignen sie sich. Dafür einfach eine flache Schüssel mit Wasser befüllen und flache Blüten darauf platzieren.

Tipps für den Blumenkauf

Falls du doch Blumen kaufen möchtest, solltest du Folgendem den Vorzug geben:

- saisonale und regionale Produktion („ich bin von hier"-Siegel)
- Bio-Anbau
- Fairtrade
- Trockenblumen oder Topfpflanzen (sie sind besonders lange haltbar)

Am leichtesten findest du das auf dem Wochenmarkt. Im lokalen Blumenhandel kannst du diese Infos erfragen. Teuer müssen diese Produkte übrigens nicht unbedingt sein. Bei „Ökotest" hat zum Beispiel ein Strauß für 2,99 Euro gut abgeschnitten.

Konfetti ganz natürlich

Manchmal sind beim Straußbinden Blätter übrig. Aus ihnen kannst du einfach Konfetti machen! Eine solche Aktion ist prima für Kinder, die mitmachen wollen, und für die Gäste ist das Ergebnis, als Deko auf den Tisch verteilt, allemal überraschend und ein prima Gesprächsanlass.

Vasen aus alten Gläsern

Upcycling bedeutet das Aufwerten von Dingen, einem Gegenstand neues Leben geben und ihn so länger nutzbar machen. Perfekt für die Deko zum Grillfest. Aus einem Schraubglas lassen sich viele Dinge herstellen, zum Beispiel Vasen für deine Blumen-Deko! Getrocknete Blätter und Blüten, in ein Schraubglas gefüllt, sind zum Beispiel eine schöne haltbare Deko, die auch draußen stehen bleiben kann. Alternativ einfach Blumen einpflanzen.

LICHTER-DEKO

Ein schöner Grillabend dauert oft bis in die späten Stunden. Auch bei der Beleuchtung gibt es nachhaltige Möglichkeiten, sowohl für das Grillen zu Hause als auch für außerhalb. Für zu Hause macht es Sinn, Dinge zu nutzen, die auch Regen und starken Sonnenschein aushalten. Dann müssen sie nicht immer wieder weggeräumt werden. Für unterwegs sollten die Dinge leicht transportiert werden können, ohne schnell kaputt zu gehen.

Das Nachhaltigkeitsproblem bei Kerzen

Sie sorgen für ein heimeliges Gefühl und sogar Entspannung – wer denkt dabei daran, dass Kerzen aus Erdöl hergestellt sein können und hinter ihnen ein riesengroßer Markt steckt? 2018 wurden Kerzen im Wert von 237 000 000 Euro aus China in die EU importiert. Das ist wirklich viel!
Kerzen findet man aus:

- Bienenwachs und Paraffin (Nebenprodukt, das beim Raffinieren von Erdöl entsteht)
- Stearin (aus Stoffen pflanzlichen oder tierischen Ursprungs, beispielsweise Palmfett oder Kokosfett)
- einer Mischung aus allem oder auch aus recycelten Ölen und Fetten
- Raps- oder Sojawachs (das ist noch immer relativ neu, aber eine gute Alternative, da es auch Raps aus Europa gibt!)

Problematisch ist, dass es für Kerzen keine Deklarationspflicht gibt. Deshalb kannst du nicht direkt sehen, ob sie wirklich keinerlei neues Erdöl enthalten und woraus sie genau hergestellt wurden.[2]
Aber es gibt auch bei Kerzen eine nachhaltige Möglichkeit: Du kannst Wachsreste von Kerzen sammeln und daraus selbst neue Kerzen herstellen. Dafür brauchst du nur ein leeres Schraubglas und ein Stück dickere Baumwolle als Docht. Wachsreste kannst du auch auf Ebay kaufen oder verkaufen bzw. spenden.

Tipps für den Kerzen-Kauf

Es gibt ein paar Dinge, die du beim Kauf von Kerzen beachten solltest:

- Nur so viele Kerzen kaufen, wie du auch tatsächlich brauchst.
- Kerzen aus Raps- oder Sojawachs vorziehen.
- Wenn du gern Bienenwachs nutzt, dieses regional kaufen.
- Teelichter ohne Aluhülle kaufen: Wenn du davon schon ein paar zu Hause hast, kannst du sie immer wieder nutzen.

Lichterketten

Es gibt Lichterketten, die mit Batterien betrieben werden und über eine Zeitschaltuhr verfügen. Das kann sehr gut sein, denn so ist es nicht schlimm, wenn einmal vergessen wurde, sie auszuschalten. Sie lassen sich auch prima unterwegs nutzen. Akkus sind natürlich eine gute Alternative zu klassischen Batterien. Noch besser sind solarbetriebene Lichterketten. Die eigenen sich ebenfalls für unterwegs und den Balkon und werden durch die Sonne aufgeladen. Einige Modelle halten mehr als sechs Stunden.
Lichterketten, die in die Steckdose gesteckt werden, können extreme Stromfresser sein. Als sparsame Alternative eignen sich solche mit LED-Leuchten.
Für die Grillparty solltest du unbedingt darauf achten, dass deine Lichterkette auch für draußen geeignet ist!

#machsnachhaltig

UNGEBETENE GÄSTE: WESPEN & MÜCKEN

Einige Insekten sind wertvolle Nutztiere, ohne die wir Menschen keine Nahrung hätten. Beim Grillabend allerdings können sie schon ein wenig stören. Bevor du deshalb Fallen aufstellst, solltest du unterscheiden, welche Tiere da ungebeten vorbeischauen.

WESPE ODER BIENE?

Wespen haben tatsächlich eine Wespentaille und deutlich erkennbare gelbe und braune Streifen. Bei Bienen sind die Streifen nicht so gut erkennbar. Sie sind zudem hinter dem Kopf haarig, Wespen nicht.

Was hilft gegen Wespen?

Die simpelste Lösung, Wespen fernzuhalten: das eigene Essen abdecken, damit die Tiere nicht drankommen. Der Klassiker ist in jedem Fall das Aufstellen eines Extra-Tellers, an dem sich die Wespen bedienen können, wie sie wollen. Etwas Obst kann schon reichen. Hier eignen sich gut Reste von der Vorbereitung.

Es gibt eine Vielzahl von Hausmitteln gegen Wespen. Die Tiere werden vom Geruch geleitet. Das bedeutet: Wird etwas aufgestellt, das den Geruch unseres Essens übertönt, kann es helfen, sie fernzuhalten. Verwendet wird etwa Folgendes:

- Kaffeepulver, angezündet in einem feuerfesten Gefäß (allerdings sind Anbau und Ernte von Kaffee sehr ressourcenintensiv, was wiederum eher für eines der anderen Hausmittel spricht)
- Essig, in kleinen Gläsern verteilt am Rand der Tafel
- Duftsäckchen mit Duftöl beträufelt und als Deko aufgehängt (geeignet ist ein kräftiger Duft wie Zitrone oder Teebaumöl)
- Räucherstäbchen

Was hilft gegen Mücken?

Kleine Deko-Blumentöpfe mit Kräutern, zum Beispiel Minze, Basilikum oder Rosmarin, auf dem Tisch sehen nicht nur schön aus, sondern können helfen, die Mücken fernzuhalten. Gleichzeitig kann man sich direkt daran bedienen und sie dem Essen zugeben.

Ansonsten helfen hier:

- stark riechende Kerzen oder ätherische Öle
- Räucherkegel (sie eignen sich natürlich vor allem für den Außenbereich)
- angezündeter Kaffee (siehe oben)

PLANUNGSTIPPS FÜR DIE GRILLPARTY

Ein paar Fragen solltest du ganz zu Beginn – in jedem Fall vor dem Einkauf – klären, zum einen, damit du deinen Gästen anbieten kannst, was sie gerne mögen, zum anderen, damit anschließend weniger Lebensmittel weggeworfen werden. Auch macht es Sinn, sich die Deko für die Sommerparty oder das Grillevent mit Kindern frühzeitig zu überlegen. So verläuft der Tag der Party entspannter.

Mottoparty oder nicht?

Soll deine Party ein Motto haben? Möchtest du zum Beispiel einen mediterranen Grillabend oder eine „Back to Nature"-Gartenparty veranstalten? Du musst dich nicht unbedingt für ein Thema entscheiden, aber es kann bei der Auswahl der Speisen und der Deko helfen.

Wer kommt und wer mag was?

Wen hast du eingeladen – und wer hat auch tatsächlich zugesagt? Weißt du, wer was gerne isst oder trinkt? Wenn du das im Vorfeld abklärst, kannst du die Speisen und Getränke passender planen. Es muss nicht immer super aufwendig sein, aber wenn zum Beispiel fünf von zehn Gästen kein Fleisch essen, wäre es gut, das zu wissen und die Speisen und Zutaten somit entsprechend wählen und kalkulieren zu können. Erstelle auf jeden Fall eine Liste mit der Anzahl der Personen, die kommen, und den Besonderheiten, die zu beachten sind.
Auch wenn du dir bei Nahrungsmittelunverträglichkeiten unsicher bist, frag lieber nach! Für manche ist es auch okay, ihr besonderes Lebensmittel selbst mitzubringen.

Sind sowohl alkoholische als auch nichtalkoholische Getränke gewünscht, ist es legitim und ratsam, von beidem zwei Alternativen anzubieten.

Was kannst und willst du leisten?

Die einen bereiten gern alles allein zu, marinieren das Grillgut selbst, machen drei Salate und backen vielleicht sogar das Fladenbrot selbst. Die anderen kaufen lieber fertige Dinge ein, zum Beispiel das Brot bei der Bäckerei um die Ecke. Wie sieht es bei dir aus? Was machst du gerne selbst, was kaufst du lieber fertig ein? Es ist auch okay, die Gäste vorher zu fragen, ob sie etwas mitbringen wollen.

Kleine Bestandsaufnahme

Wenn du möglichst müllfrei und zu Hause grillen willst, macht es Sinn zu schauen, wie viele Gläser und Teller du hast. Kalkuliere so, dass jede Person mindestens einen Teller hat und dann noch zwischen fünf und sieben Teller übrig sind. So musst du nicht zwischendurch abspülen. Gleiches gilt für Gläser. Hast du genug Gläser für die Getränke, die du anbieten willst? Schau auch vor der großen Einkaufstour, ob du genug Kohle oder Gas zum Grillen dahast!

Welche Deko passt?

Wird das Grillfest gemeinsam mit Kindern vorbereitet, können sie super in das Finden und Herstellen von Deko eingebunden werden. Sie freuen sich so vielleicht noch ein bisschen mehr auf den gemeinsamen Grillabend. Also: Welche Deko passt zu dir und deinem Event? Willst du deinen Balkon oder Garten vielleicht nur *einmal* dekorieren, und die Deko soll für mehrere Monate halten? Dann wähle Dinge, die entsprechend lange halten, die auch mal Regen und starke Sonne vertragen wie gefüllte Gläser oder Outdoor-Lichterketten.

Möchtest du Deko selbst machen, dann fang frühestmöglich damit an. So sitzt du nicht am Abend vorher noch daran.

Regen statt Sonne?

Die größte Herausforderung bei der Party ist, wenn sie im Freien stattfinden soll und es dann doch regnet. Überlege dir vorher einen Notfallplan. Hast du einen Pavillon, unter dem alle sitzen können, ist das super, aber wo wird gegrillt? Das geht mit einem Holzkohlegrill jedenfalls nicht unter dem Pavillon. Ist es vielleicht möglich, bei einem Wetterwechsel aus der Grillparty einfach eine Indoor-Party zu machen und das Grillgut einfach im Backofen oder in der Pfanne fertig zu braten?

Ein paar Spiele zur Auflockerung?

Du kennst das vielleicht: Grillen heißt oft auch ein bisschen mehr essen, als man eigentlich wollte. Wenn du gerne spielst, überlege dir – um das zu vermeiden – doch ein paar Spiele für nach dem Grillen oder für zwischendurch. Spikeball für mehr Aktivität oder Boule für ein bisschen Spielen neben dem Reden.

Wenn Kinder bei der Party dabei sind, solltest du sowieso ein paar kleine Spiele bereithalten. So wird es ihnen nicht langweilig.

Weniger kann mehr sein.

Das wird so oft gesagt, aber es stimmt auch einfach oft. Bevor du dich damit stresst, dass alle ihr Lieblingsessen haben sollen, dass die Deko perfekt ist oder wirklich alles komplett müllfrei ist, lehn dich einmal kurz zurück. Eine Party sollte auch vorher nie in Stress ausarten. Gerade beim Grillen geht es schließlich vor allem um eine gemeinsame lustige und entspannte Zeit!

NACH DEM GRILLEN

Wo kommen Kohlereste eigentlich hin? In die gelbe Tonne oder in den Restmüll? – Zu guter Letzt ein Thema, das beim Grillen nicht das beliebteste ist, aber ein wichtiges: das Entsorgen, Aufräumen und Putzen. Mit ein paar coolen Lifehacks lässt sich das Thema deutlich angenehmer machen.

AUFRÄUMEN UND RESTE VERWERTEN

Damit das Aufräumen nach dem Grillen schneller geht, können alle mithelfen: Wenn jeder etwas rein in die Küche trägt oder verpackt, ist das Groß-Reine-Machen halb so schlimm. Die Reste in den Kühlschrank oder einfrieren, Brot in Wachspapier einschlagen und für morgen hinlegen: Bestenfalls bleibt kein Müll übrig. Falls doch zu viel über ist und du nicht alles selbst in den nächsten Tagen essen kannst, wäre es gut, wenn die Gäste etwas mitnehmen würden. Du könntest sie bereits vorher bitten, eigene Behälter für Reste mitzubringen.

Vor allem wenn unterwegs gegrillt wird, ist es wichtig, alle Reste von Verpackungen, Lebensmitteln usw. richtig zu entsorgen und nicht einfach draußen liegen zu lassen oder alles in *einen* Mülleimer zu stopfen, statt den Müll zu trennen.

GRILLKOHLE MUSS VOR DEM WEGWERFEN WIRKLICH KOMPLETT AUSGEBRANNT SEIN. ES DARF KEINE GLUT MEHR LEUCHTEN. IM ZWEIFEL DEN GRILL EINFACH LÄNGER STEHEN LASSEN. DANN DIE ASCHE IN EINEN SACK FÜLLEN UND ÜBER DEN RESTMÜLL ENTSORGEN.

In die gelbe Tonne oder den gelben Sack kommen Dinge wie Kronkorken, Konservendosen oder Styroporschalen, sofern du nicht in einer Region wohnst, wo Dosen & Co. in eigene Wertstofftonnen kommen. Es gibt auch Initiativen, die Kronkorken sammeln – dort können sie abgegeben werden. Alufolie und Schalen gehören je nach Region in den Restmüll, leere Gläser und Weinflaschen in den Container – wenn du sie nicht upcyceln willst oder du nicht gerade Mehrwegweinflaschen gekauft hast, die es mittlerweile ebenfalls gibt. Die Kohle kommt, wenn sie ganz kalt ist, in einer Tüte in den Restmüll.

Essensreste, die nicht aufbewahrt werden sollen, gehören in den Bio-Müll, auf den Kompost, in die Wurmkiste oder in den Bokashi-Eimer. Hier muss nur darauf geachtet werden, was reingegeben werden kann und was nicht.

DEN GRILL PUTZEN

Ob Gemüse oder Fleisch, beides klebt gern am Grillrost fest. Da es sich bei den Verschmutzungen meist um Fett handelt, kann der Rost, wie die Einsätze der Dunstabzugshaube, in ein Gemisch aus Wasser und Soda eingelegt werden. Vorher sollte allerdings der grobe Schmutz mechanisch entfernt werden. Es kann auch helfen, den Grillrost mit Salz zu bestreuen und dann mit einer Zitronenhälfte darüber zu reiben. Auf der Außenseite des Grills können sich auch schon mal Fettspritzer ablagern. Am besten wischt man mit einem feuchten Lappen mit Spülmittel darüber.

MEHR INFOS ZUM THEMA ÖKOLOGISCH UND CLEVER PUTZEN FINDEST DU IN MEINEM BUCH „SCHLAUER PUTZEN"!

REZEPT: GRILLROSTREINIGER

Zutaten: 1 EL Natron, 1 TL Zitronensäure, verschließbarer Behälter, Herstellungszeit: 5 Minuten.

Alle Zutaten in eine Schüssel (Mundschutz tragen!) oder direkt in das Aufbewahrungsgefäß geben und kräftig schütteln. Schon ist das Scheuerpulver einsatzbereit. Wird das Pulver in dem Gefäß gelagert, kann zur Sicherheit noch 1 EL Stärke dazugegeben werden. Die verhindert, dass Natron und Zitronensäure zusammenklumpen.

Wer das Scheuerpulver auf Vorrat herstellen will, braucht zwingend ein luftdicht verschließbares Gefäß. Sonst können die Inhaltsstoffe aus der Luft Feuchtigkeit ziehen und sind dann nicht mehr gut einsetzbar und können sogar klumpig werden. Generell sollten Natron, Zitronensäure und Soda immer möglichst luftdicht verschlossen werden.

ZITRONEN
SAEURE
NATRON

#MACHS-NACHHALTIG-INFOS

Im Folgenden will ich dir noch ein paar Quellen empfehlen, über die du dich weiter zum Thema dieses Buches informieren kannst. Und über das Register gelangst du ans Ziel, wenn du etwas Bestimmtes suchst.

Zum Weiterlesen

Rezeptideen:

https://www.zuckerjagdwurst.com/de/rezepte/7-rezepte-fuers-vegane-grillen

https://www.wastelesshero.com/thema/haushalt/kueche/rezepte/

DIYS:

https://www.apollolena.de/

Tipps zum nachhaltigen Einkaufen:

https://www.wastelesshero.com/nachhaltiger-einkaufen-10-tipps/

Buchtipps:

- Hudak, Renate & Harazim, Harald: **Gartenabfall gibt's nicht.** Verlag Eugen Ulmer 2022
- Schell, Valesa: **Brot sucht Aufstrich.** Verlag Eugen Ulmer 2023
- Su, Shia & Hermann, Inés: **Zero Waste Upcycling.** Verlag Eugen Ulmer 2023
- Rosenthal, Patrick: **Easy vegan grillen: 70 leckere und kreative BBQ-Rezepte.** RIVA 2023

Über die Autorin

Anke lebt mit ihrer vierköpfigen Familie in Köln, möglichst plastikfrei, zerowaste und so umweltbewusst, wie es geht. Seit einigen Jahren ist sie selbstständig und als Nachhaltigkeitsexpertin und Dozentin unterwegs. Sie hält Vorträge, veranstaltet Workshops, berät Einrichtungen (VHS, Familienbildungsstätten) und Firmen, teilt ihr Wissen auf Social-Media-Kanälen sowie Büchern und gibt Interviews im TV (u. a. WDR und ZDF).

Homepage & Shop:

https://www.wastelesshero.com/

Instagram:

https://www.instagram.com/wasteless_hero/

Endnoten

1 Studie: 2018, Life Cycle Assessment Cut Roses (Migros & Fairtrade)
Ökotest: 2023, Rosen zum Valentinstag.

2 https://de.statista.com/statistik/daten/studie/1202678/umfrage/verbrauch-von-kerzen-eu/
https://ec.europa.eu/eurostat/de/web/products-eurostat-news/-/EDN-20191101-1

3 https://www.verbraucherzentrale.de/wissen/umwelt-haushalt/abfall/mehrweg-oder-einweg-unterschiede-und-regeln-bei-getraenken-11504

4 https://www.bluhmsysteme.com/blog/toilettenpapier-aus-gras/

5 https://www.agrarheute.com/pflanze/getreide/nudeln-knapp-deutschland-hartweizen-586141

6 https://www.weltderphysik.de/thema/hinter-den-dingen/grillen-mit-holzkohle/

7 https://www.umweltbundesamt.de/umwelttipps-fuer-den-alltag/essen-trinken/grillen#gewusst-wie

8 https://www.umweltbundesamt.de/umwelttipps-fuer-den-alltag/essen-trinken/grillen#gewusst-wie

9 https://www.umweltbundesamt.de/themen/wider-die-verschwendung

10 https://www.efsa.europa.eu/de/news/efsa-statement-efsas-risk-assessment-smoke-flavouring-primary-product-ff-b

11 https://www.weltderphysik.de/thema/hinter-den-dingen/grillen-mit-holzkohle/

12 https://scharr.de/fluessiggas/fluessiggas-im-tank/bio-fluessiggas

13 https://www.verbraucherzentrale.de/wissen/lebensmittel/auswaehlen-zubereiten-aufbewahren/alufolie-gefahr-fuer-die-gesundheit-17347

14 https://www.bfr.bund.de/de/ausgewaehlte_fragen_und_antworten_zum_grillen-9484.html

15 https://de.statista.com/statistik/daten/studie/1262971/umfrage/umfrage-zur-derzeit-benutzten-art-von-grill/

16 https://www.verbraucherzentrale-berlin.de/pressemeldungen/presse-be/klimafreundlich-grillen-75399

17 https://www.landwirtschaft.de/landwirtschaftliche-produkte/worauf-kann-ich-beim-einkauf-achten/kennzeichnung/woher-stammt-unsere-grillkohle

18 https://www.destatis.de/DE/Presse/Pressemitteilungen/Zahl-der-Woche/2018/PD18_12_p002.html

19 https://www.n-tv.de/mediathek/videos/panorama/Illegale-Abholzung-bedroht-menschlichen-Lebensraum-in-Paraguay-article21053548.html

20 https://www.wwf.de/fileadmin/fm-wwf/Publikationen-PDF/WWF-EU-Marktanalyse-Grillkohle-2020.pdf

21 https://www.grills.de/weber-brikett-4-kg

22 https://www.dincertco.de/din-certco/de/main-navigation/products-and-services/certification-of-products/grillprodukte-und-zubeh%C3%B6r/zertifizierung-f%C3%BCr-grill-holzkohle/

23 https://www.fsc-deutschland.de/grillsaison-mit-fsc-grillkohle-aus-namibia-eroeffnen/

24 https://www.manufactum.de/grillkohle-olivenkernen-a16866

25 https://www.hawesko.de/wein-magazin/wein-einblicke/wein-genuss/grillen-mit-weinreben/

26 https://www.bfr.bund.de/de/presseinformation/2005/15/bfr_warnt_vor_vergiftungen_durch_fluessige_grillanzuender-6358.html

27 https://www.grillfuerst.de Raeucherholz /Raeucherchips.php

28 https://www.bvl.bund.de/SharedDocs/Fokusmeldungen/01_lebensmittel/2022/2022_01_13_HI_PSMR.html

29 https://www.verbraucherzentrale-berlin.de/pressemeldungen/presse-be/klimafreundlich-grillen-75399

30 https://www.umweltbundesamt.de/themen/landwirtschaft/landwirtschaft-umweltfreundlich-gestalten/fragen-antworten-zu-tierhaltung-ernaehrung#Frage2_4

31 https://www.wwf.de/themen-projekte/landwirtschaft/ernaehrung-konsum/fleisch/der-appetit-auf-fleisch-und-seine-folgen

32 https://www.wwf.de/themen-projekte/landwirtschaft/produkte-aus-der-landwirtschaft/soja/soja-als-futtermittel

33 https://www.umweltbundesamt.de/sites/default/files/medien/1410/publikationen/2020-06-25_trendanalyse_fleisch-der-zukunft_web_bf.pdf

34 https://www.wwf.de/fileadmin/fm-wwf/Publikationen-PDF/Landwirtschaft/WWF-Einkaufsratgeber-Fleisch-und-Wurst.pdf

35 https://www.ardalpha.de/wissen/gesundheit/ernaehrung/herstellung-kaese-milch-analogkaese-lab-100.html#:~:-text=F%C3%BCr%20ein%20Kilogramm%20K%C3%A4se%20werden,%2C%20Quark%2C%20Harzer%20und%20Kochk%C3%A4se.

Register

Bildquellen

Alle Fotos, auch das Coverfoto, stammen von der Autorin mit Ausnahme der folgenden:
Heike Schmidt-Röger, S. 121
Shutterstock.com/Bubbers BB, S. 55
Shutterstock.com/Cris Kelly, S. 27
Shutterstock.com/Joaquin Corbalan P, S. 23
Shutterstock.com/skrotov, S. 71
Die Icons stammen von thenounproject und Vector Tradition/Shutterstock.com.

Autorin und Verlag danken den folgenden Einrichtungen für die Genehmigung der Verwendung der folgenden Labels: Grüner Strom Label & ok Strom

Impressum

Die in diesem Buch enthaltenen Empfehlungen und Angaben sind von der Autorin mit größter Sorgfalt zusammengestellt und geprüft worden. Eine Garantie für die Richtigkeit der Angaben kann aber nicht gegeben werden. Autorin und Verlag übernehmen keine Haftung für Schäden und Unfälle. Bitte setzen Sie bei der Anwendung der in diesem Buch enthaltenen Empfehlungen Ihr persönliches Urteilsvermögen ein.
Der Verlag Eugen Ulmer ist nicht verantwortlich für die Inhalte der im Buch genannten Websites.

Anmerkung zur Schreibweise (Gendering):
Gendergerechtigkeit und Inklusion sind bei uns gelebte Praxis – bei der Auswahl unserer Themen, bei der Recherchearbeit, in der Gestaltung. Unsere Texte meinen alle.

Bibliografische Information der Deutschen Nationalbibliothek
Die Deutsche Nationalbibliothek verzeichnet diese Publikation in der Deutschen Nationalbibliografie; detaillierte bibliografische Daten sind im Internet über http://dnb.d-nb.de abrufbar.

Wollgrasweg 41, 70599 Stuttgart (Hohenheim)
E-Mail: info@ulmer.de
Internet: www.ulmer.de
Konzept: Christine Hutschenreuther
Projektleitung: Jennifer Zajonz, Saskia Hoen
Lektorat: Melanie Kattanek
Herstellung: Isabell Scherrieble
Umschlag- und Reihengestaltung:
Michaela Mayländer, Stuttgart, www.sistermic.de
Satz: Gerhard Junker, www.redsign.de, Stuttgart
Reproduktion: time:ray, Jettingen
Druck und Bindung: Pustet, Regensburg
Printed in Germany
ISBN 978-3-8186-2253-4

FSC www.fsc.org
MIX
Papier | Fördert gute Waldnutzung
FSC® C014889